Himmlische Engel-Medizin

Aannathas
und
Erzengel Raphael

Himmlische
Engel-Medizin

gegeben durch
Ursula Frenzel

ch. falk verlag

Originalausgabe
© ch. falk-verlag, seeon 2015

Umschlaggestaltung: Dirk Gräßle, München
Satz: Druckerei & Verlag Steinmeier, Deiningen
Druck: Druckerei & Verlag Steinmeier, Deiningen

Printed in Gemany
ISBN 978-389568-264-3

Inhalt

Widmung

Ihr wundervollen Heiler der Welt: Alchemisten, Forscher, Philosophen, Medici, Gelehrte und Weise… ihr Erwachten, die ihr die Welt reicher, warmherziger und wahrer gemacht habt, *euch sei dieses Buch gewidmet.* Ihr habt den Menschen diese verschleierte Welt erträglicher und mitfühlender gemacht, unsinnige und alles verachtende Gesetze menschenwürdiger… und durch die Klarheit eures Geistes immer wieder eine neue Welt *geboren.* Und das oftmals für den Preis des Kostbarsten, das euch eigen war, euer Leben. Ihr schenktet alles… ihr schenktet der Welt euer Lächeln…

Heilung

Reich mir die Hände… strahlender Seelenstern
Wisse, DU allein bist die himmlische Heilung
Öffne dein Herz, angstfrei… strahlender Seelenstern
Erkenne, DU allein bist die universelle Kraft

Überwinde den engen Verstand… strahlender Seelenstern
In DIR ruht allzeit die göttliche Weisheit des Geistes

Nimm an dein Leben liebvoll-geduldig… strahlender Seelenstern.
Verstehe, DU bist eine mächtige Quelle der lichtvollen Wahrheit

Gehe weise und bewusst den Weg… aller Wege, strahlender
Seelenstern
Erschaffe ihn freudvoll in Vertrauen, Mut und Glauben

ICH BIN deine Seele… und Engel zugleich, strahlender Seelenstern,
höre mein Rufen beizeiten

So ist HeilSein dein göttlicher Lebensgefährte… strahlender Seelenstern
Der immer an deiner Seite geht. Eins mit DIR ist

Suche nie im Außen… geliebter Seelenstern, was nur im Innen
DIR ewig geschenkt
Denn… der himmlische Segen ist die Heilkraft in DIR

Reich mir die Hände… strahlender Seelenstern
Wisse, DU allein bist die himmlische Heilung
Für DICH… und die WELT

Einleitung

Gottes machtvolle Strahlen… das sind die Engel.
Denn am Anbeginn aller Zeit sandte Gott, die Urquelle allen Lichtes, aller Liebe, aller Schönheit und Weisheit, in der Stunde der Schöpfung aus seiner Mitte seine kostbarsten Strahlen, welche so klar und rein wie Diamanten und so stark, weise und kraftvoll und voll strahlenden Lichts und unerschöpflicher Liebe wie *Er selbst* waren… und sind, hinaus in den unendlichen Raum. Um all' die Welten und Dimensionen, die ER erschaffen hatte in seiner Allmacht, in seinem Auftrag der allumfassenden und bedingungslosen Liebe und der einzigen Wahrhaftigkeit, der *Einheit Gottes*, zu stützen und diese sich so in ihrer ganzen Genialität und Intelligenz *entfalten* zu lassen. Und er beauftragte sie mit seinen göttlichen Absichten, auf das alles immer und immer wieder erstrahlen würde in der Essenz der Vollkommenheit!

Es waren Engel, die so schön, so liebreizend, so rein und klar, so Trost spendend und tolerant, so sanftmütig und barmherzig, so weise und gerecht, so hilfreich und selbstlos, so klug, so gütig, so zart… und doch stark: ewig heilend wie liebevoll, doch auch voller göttlicher Macht und himmlischem Strahlen waren, dass Worte nicht ausreichen, ihre Vorzüge und lichtvollen Eigenschaften zu beschreiben.

Diese lieblichen und doch mächtigen göttlichen *Wesenheiten* bevölkern seitdem die in kristallinem Licht erstrahlenden *Ebenen und Sphären* der himmlischen Ewigkeit. Füllen den Raum des universellen Kosmos, *hüten* alle Welten und Schöpfungen Gottes mit ihrer immerwährenden Schwingung der Liebe ihrer Herzen.

Sie dienen selbstlos, gütig, klug und weise dem *Ganzen*, dem *Einen-Wahren-Gott-der-Liebe*, dem sie entsprungen sind und dem ihre ganze Hingabe und Tatkraft gehört. Immer und zu jeder Zeit sind sie bereit, jedes Opfer zu bringen, um Gott, Allem-Was-Ist, all' ihren

Seelengeschwistern, den Menschen, zu dienen. Und um den *ewigen Kreislauf* des Kommens und Gehens, die *Grundlage* aller Transformation und Wandlung, welche die göttliche Präsenz des *Alles-Was-Ist* manifestiert, zu entfalten und dessen Ansinnen der Erleuchtung gerecht zu werden.

Und sie sind voller Glückseligkeit, göttlicher Anmut, Freude und Leichtigkeit, wenn ihr Lachen und ihre wundervolle Heiterkeit durch alle die *lichtvollen* und die noch *verhüllten* Licht-Dimensionen hallt und Schwingungen der allumfassenden Liebe, Güte und des Trostes in alle Ebenen sendet.

Trägt sie doch unabdingbar die unendliche Liebe und die Weisheit ihres Herzens, die allzeit besagt, dass die göttliche Fülle und Gnade immer und für *jeden* jederzeit zu erlangen ist, folgt er *seinem* Herzen.

So hat sich der Schöpfer in seinem *eigenen Ich* durch die Licht-Macht seiner Gedanken neu erschaffen und… erschafft sich unentwegt, um *sich selbst* in seiner ganzen Herrlichkeit und Genialität zu entfalten und um seine Kraft aus sich, der *Quelle des Ewigen Seins,* unentwegt fließen zu lassen, um immer wieder aufs Neue zu *kreieren* und zu *erfahren.*

Sein *erstes Schöpfungswerk*, die Engel, die aus seiner Liebe und seiner Hingabe geboren wurden, zeigen ihm mit ihrer Präsenz den *Spiegel seiner Allmacht* und *Allwissenheit* und *hüten* seit Anbeginn der Zeit in unentwegter Bereitschaft seine unendlichen himmlischen und irdenen Welten.

Um ihrem mächtigen göttlichen Auftrag nachzukommen, erprobten auch die Engel ihre Schöpferkräfte. Und so *erschuf* jeder göttliche Lichtstrahl, jedes machtvolle *Engel-Lichtwesen* gemäß seiner Aufgabe aus *seiner* Strahlkraft heraus, die Gott ihm verliehen hatte, Engelheerscharen, die *mit* ihm in Liebe und aller nur erdenklichen Hingabe und Achtsamkeit dienen und jederzeit bei der Entfaltung des *Göttlichen Planes* zum Wohle des Ganzen beitragen.

Denn einst, am Anbeginn aller Zeit, sprach Gott in den *Raum des Ewigen,* als er seinen Willen erprobte, um sich in seiner ganzen Genialität und Herrlichkeit zu sehen, zu fühlen und zu erforschen:

„Fürchtet euch nicht, >Ich bin< das Licht, das den Schatten trägt, so achtet den Schatten wie das Licht, denn das Eine kann ohne das Andere nicht sein und werden. Und meine Liebe ist allumfassend und bedingungslos, wie kann sie da das Eine lieben und das Andere verachten, gar hassen. Fühlt. Fühlt, ihr, meine über alles geliebten Kinder, fühlt dies in euren Herzen, und ihr werdet verstehen! Ihr werdet verstehen, dass alles, was ich erschaffen, allem und jedem, welchem ich meinen göttlichen Odem eingehaucht und meinen göttlichen Funken eingepflanzt habe, allein mir und so dem Ganzen dient und dass nichts jemals ohne meine unendliche und alles versöhnende Liebe ist, war und je sein wird.

Bitte erkennt, ihr, meine kostbare Sternensaat, allein durch Licht und Schatten führt der „Lehre Weg zum Wahren Selbst, zu eurer eigenen Göttlichkeit".

Legt eure Geschicke… Wünsche… Träume… in meine Hände… denn ICH… euer liebender Gott-Vater-Mutter-Kosmischer Geist… BIN allzeit EINS mit euch… und immer seid IHR in meinem wahrsten Selbst gehalten… eingehüllt von meiner Liebe und strahlendem Kristall-Licht der universellen Einheit. Legt euren Geist, euer Herz, euer Sein in meinen lichtgewobenen HimmelsQuell voller Vertrauen… denn ICH liebe euch unendlich."

Geliebte Sternenkinder, so seid bereit, dem Lichtstern der göttlichen Liebe in all eurem Denken, Tun und Sein zu jeder Zeit in eurem Leben zu folgen. Lasst lichtvolle Macht der Hingabe an die Einheit, die göttliche Urquelle, als einzigen Maßstab gelten. So wird des Schicksals Blume in bezaubernder Schönheit, beglückender Herrlichkeit, tröstlicher Glückseligkeit und ewiglich labendem Licht aus Opalkristall für jeden von euch prachtvoll erblühen und die Nächte der Dunkelheit mit ihrem Strahlen durchwirken und so überwinden.

Ich Bin dabei an eurer Seite, und meine gottgegebene Macht der Stabilität wird euch bei all euren Unterfangen der Wandlung unterstützen.

Sternenmeister Saturn, der Hohe Galaktische Rat

Aannathas und die 12 Erzengel

Erzengel Aannathas Lichtträger war der *erste Engel*, den Gott erschuf. Ihm übergab er alsdann die *schwierigste* aller himmlischen Aufgaben, nämlich seinen über alles geliebten Sternenkindern, den Menschen, voranzugehen, sie zu *stützen* und alles mit seinem Strahlen zu *erhellen*: auf ihren irdischen Wegen, die sie durch *Licht und Schatten,* durch Freude, aber auch Schmerz führen würden. Die ihm nachfolgenden 12 Erzengel *folgten* sodann Gottes Wunsch, die Menschheit *vorzubereiten* auf die *wundervolle Zeit* der großen Transformation auf Erden, die mit dem 21.12.2012 auf Erden begann.

In seiner weisen Voraussicht erschuf *Gott-Vater-Mutter-Kosmischer Geist* 7 weitere Erzengel. Diese sollten die anderen bei ihren vielseitigen Aufgaben als *Botschafter des Himmels* liebevoll unterstützen.

Erzengel Aannathas Lichtträger, der *Erste Engel*, trat nun am Anbeginn des *Goldenen Zeitalters, wie ihr wisst,* als der *13. Engel Gottes* wieder *hervor* aus der von den Menschen erschaffenen Dunkelheit in seiner ganzen Strahlkraft und universellen Mächtigkeit. Und so führen nun diese *13* und die *7* nachfolgenden Erzengel und ihre Engel-Heerscharen *gemeinsam* die Menschen in das Goldene Zeitalter und seine hohe, *kristalline Energie* ein: in seine Herausforderungen, aber vor allem seine *göttlichen Geschenke.* Sie unterstützen und helfen ihnen dabei, ihre alten Muster, Strukturen und Ängste loszulassen und ihre wahre Kraft und Macht in sich selbst zu finden!

Die 12 Erzengel

Erzengel Michael und der Wille Gottes. Sein Name bedeutet: Ebenbild Gottes: Er ist der Träger des göttlichen Schwertes des kosmischen

Lichtes und seine Aufgabe ist es, euch zu schützen und den geistigen, spirituellen Weg aufzuzeigen. Er weist die Menschen darauf hin, die Heilkraft des Willens zu erkennen und zu nutzen. Er öffnet spirituelle Wege und stützt.

Erzengel Raphael und die Göttliche Heilung. Sein Name bedeutet: Gott allein heilt. Er heilt mit göttlicher Liebe die irdischen Körper der Menschen, denn ihre Geist-Körper strahlen immer in ihrer göttlichen Ganzheit. Er verbindet Körper, Geist und Seele. Er heilt u.a. Gedanken, Gefühle, Situationen, Begebenheiten u. vieles mehr.

Erzengel Jophiel und die Freiheit der Gedanken. Sein Name bedeutet: Anmut Gottes. Er vermittelt den Menschen die Schönheit Gottes und aller seiner Schöpfungen. *Er verweist liebevoll auf die Freiheit des Geistes, welche immer die Grundlage und Basis von Heilung und Gesundheit ist.* Er hilft, eine göttliche, lichtvolle Sichtweise in jeglichem Sein zu manifestieren und Positivität in alle Bereiche des Lebens einzubringen.

Erzengel Gabriel und die göttliche Botschaft. Sein Name bedeutet: Stärke Gottes. Er überbringt den Menschen die göttliche Botschaft des „Ewigen Seins" und der Wahrhaftigkeit des „Stirb und Werde". Er vermittelt die Weisheit des Herzens, dadurch Frieden, Glaube an sich selbst. Er schenkt die Kraft der Hoffnung.

Erzengel Uriel und das Göttliche Erbe des Schöpfertums. Sein Name bedeutet: das Strahlen Gottes. Der mächtige Sternenmeister vermittelt den Menschen, dass alles aus der gleichen Liebe Gottes geboren wurde. Er weiht in die Licht-Weisheit „Alles-Ist-Eins" ein. Er schenkt die Kraft der Vision, Disziplin und Sternenweisheit.

Erzengel Chamuel und die Göttliche Freude. Sein Name bedeutet: Liebe Gottes. Er vermittelt den Menschen die Weisheit, durch gelebte

Freude den Frieden mit sich selbst zu erlangen. Er verhilft zur Selbstliebe, dem höchsten Gut jedes Menschen, verbindet mit der Herzensschwingung aller Engel. Er schenkt Harmonie, Geduld, Hingabe und Fülle.

Erzengel Zadkiel und die Göttliche Versöhnung. Sein Name bedeutet: Verehrung Gottes. Er zeigt Innigkeit und Fülle beim Gebet und allen anderen himmlischen Anrufungen auf, sowie die Segnungen von Dankbarkeit, Stille, Barmherzigkeit, Glaube an den Einen-Wahren-Gott-der-Liebe und der Erlösung durch „Versöhnung".

Erzengel Metatron und das Göttliche Universum. Sein Name bedeutet: Vollkommenheit Gottes. Er hütet Gottes Thron und die „13 Himmlischen Weisungen", die auch in der Akasha-Chronik manifestiert sind. Er hilft den Menschen, alles mit den Augen Gottes zu sehen und eine „Geistige Wiedergeburt" auf Erden zu vollziehen.

Er ist der Hüter des alles transformierenden Opal-Kristall-Strahls, der die 5. Bewusstseins-Dimension auf Erden durch Aannathas und Michael einläutete.

Erzengel Ariel und das Weltengefüge. Ihr Name bedeutet: Hüterin der Erde. Dieser feenhafte Erzengel vermittelt den Menschen die göttliche Weisheit der Natur und auch deren Heil-Kräfte und ruft auf, mit diesen zu arbeiten: ihre mächtige Präsenz zu nützen im Alltag des irdischen Lebens. Sie spricht: „Atme bewusst den himmlischen Äther, der in allem lebt. Schenke allem deine Wertschätzung…"

Erzengel Hadraniel und das Geschenk des Vertrauens. Sein Name bedeutet: Segnungen Gottes. Er hilft den Menschen, unerschütterliches Vertrauen in alles Göttliche und somit in sich „selbst", zu legen: dadurch Illusionen zu erkennen und diese durch Entfalten eigener lichtvoller Schöpferkräfte zu lösen. Er unterstützt dabei, die Tiefen des „Unbewussten" zu klären, Wahrheit wie Erkenntnis zu erlangen und Gottes Engel ins irdische Leben zu integrieren.

Erzengel Raziel und die Göttliche Genialität. Sein Name bedeutet: Allwissenheit Gottes. Dieser strahlende Engel trägt in seiner Mitte das „All" und dessen „allumfassende Quell-Essenz" aller Bewegung und Seins. Er hilft, Licht und Schatten zu unterscheiden, Altes loszulassen, mutvoll und sanft den Weg der Erleuchtung durch Liebe zu gehen. *Er klärt Geheimnisse und spirituelles Wissen.*

Erzengel Ananchel und die Göttliche Annahme. Sein Name bedeutet: Vollendung Gottes. Dieser kraftvolle Engel steht den Menschen bei, wenn sie ihr irdisches Kleid ablegen und nach Hause gehen. Er sendet Trost und Kraft für jeden, erinnert an das „Wahre Ich", welches immer feinstofflich und göttlich ist. Er hilft, Verluste bewusst zu verstehen, öffnet den Geist für Lebensveränderung. *Er hüllt die Menschen zu aller Zeit in die Gnade und Glückseligkeit Gottes ein.*

Aber Gott-Vater-Mutter-Heiliger Geist berief, wie ich euch schon sagte, in seiner großen Weisheit und Güte weitere *7 Erzengel,* um seiner kostbarer, über alles geliebter Sternensaat, seinen göttlichen Kindern, den Menschen, ihre Erden-Pfade noch mehr *zu erleuchten* und so zu *erleichtern.* Es waren die strahlenden Engel mit Namen: *Remiel, Anael, Hamied, Sandalphon, Amitiel, Nathaniel, Zacharel.* Jeder von ihnen trägt eine große universelle *Aufgabe und Heilkraft* in seinem göttlichen Bewusstsein, über welche sie später in der Aannathas-Buch-Reihe berichten werden: zur Hilfe, Trost, Klärung, Unterstützung, Weisung… *und zum Erwachen in das lichtvolle Gott-All-Eins-Sein der himmlischen Liebe.*

Sie gehen seitdem an der Seite der Menschen, um ihnen zu helfen und sie zu unterstützen, ihr wahres Göttliches Ich wiederzuerkennen, weil sie sich in Freude und Leichtigkeit daran erinnern…
Aber *alle* feinstofflichen Licht-Wesenheiten und Engel erbringen ihren himmlischen Beitrag, um spirituelle Fülle, kosmische Weisheit und lichte Erkenntnis in allen Welten und Systemen des Universums zu manifestieren und zu entfalten. Sie alle überbringen die göttliche Botschaft der Liebe und des Trostes; aber sie offenbaren auch immer,

wenn sie um Hilfe angerufen werden, die göttliche Weisheit, die in Liebe geborgen in jeder Seele Herz ruht, um zu erwachen.

Sie säen hellstrahlende Juwelen und prachtvolle Diamanten von kraftvoller Schönheit, angefüllt mit Gottes-Liebes-Geist, die Erleuchtung schenken und Perlenspiele, entsprungen aus den Sternenwelten dieser Himmelswanderer, die jedem den wahren Weg weisen; sie lassen unentwegt Licht-Geister strömen aus dem kosmischen Regenbogen, um die schattenlose Dunkelheit zu durchbrechen und Heilung zu schenken. Und sie senden hauchzarte Winde der Klarheit in alle Bereiche universellen Seins, um das Weltengefüge in Harmonie und Vollkommenheit zu verbringen. Groß ist ihre Macht und ebenso groß und unendlich ihre Hingabe, wenn sie an eurer Seite gehen und die Metamorphose des Lichtes unentwegt aus sich selbst gebären und in Alles-Was-Ist einschwingen, zum Lobe des Einen-Wahren-Gottes-der-Liebe und seiner geheiligten Sternensaat, den Menschenkindern.

Und so sprechen die Engel:

Überwindet und bezwingt alle Zweifel und fühlt uns in euren Herzen. Vertraut. Gebt eure Angst in unsere Hände, damit wir sie gemeinsam mit euch auflösen können im Wandel der Zeit, in der Sanftheit der himmlischen Feuer, welche allein Erkenntnis und Klarheit schenken.

Denn... aus dem Dunkel allein erwächst des Schicksals Blume.

Bitte erkennt, geliebte Sternenkinder, allein durch Liebe, Glauben, Geduld, Hingabe und Vertrauen gelingt es euch, die wundervolle Erhabenheit des Lebens im rechten Lichte zu erblicken. Weil ihr so die Nacht der ewigen Begehren durchbrecht, weil ihr bereit seid, allein dem Herzen zu folgen und seiner unendlichen Weisheit.

Geliebte Kinder Gottes, glaubt: denn allein wer wahrhaft glaubt, bringt das Unfassbare in die Form des Fassbaren.

Und bedenkt zu aller Zeit: Alle eure Schöpfungen und deren erschaffene Energien – lichtlos wie lichtvoll – fließen durch unsere Hände: aller Engel, Sternenmeister und Meister des göttlichen Lichtes – gleichwohl durch unsere Herzen, und so... das alles auflösende und ewig heilende Licht der Göttlichen Vollkommenheit. Sie fließen sodann zurück in die

Himmel des ewigen Lichts und der Liebe, in das Zentrum der kristallinen Einheit und folgen so dem göttlichen Kreislauf des Seins und Werdens.

So ehrt und liebt, wie WIR, die Dunkelheit wie das Licht in euch, denn anders könnt ihr sie nicht von euch geben, sie nicht überwinden. Schaut niemals zurück, dankt für das Erlebte, und erkennt und ehrt die Lehren der Erinnerung darin und dahinter, auf das es euch so heilt. Des weiteren glaubt, und löscht alles andere Wissen in euch, denn wir sind die Boten Gottes und von unseren Lippen fließt allein seine wahre Botschaft, welche in Reinheit und Güte der allumfassenden Liebe schwingt. Ohne Bedingung. Ohne Begehren. Ohne Urteil. Ohne Wertung. Allein voller Versöhnung und hingebungsvoller Annahme!

Hört, ihr geliebten Kinder des Lichtes, öffnet mehr und mehr angstfrei eure Herzen in dieser besonderen Zeit der Wandlung und Transformation auf Erden. Versteht, dass Vertrauen, Geduld, Hingabe und Glauben die vier wichtigsten und machtvollsten Schlüssel sind zu eurer eigenen Transformation, die immer Heilung nach sich zieht. Glaubt an euch selbst mit größter Hingabe, vertraut mit größter Geduld auf die Liebe, Weisheit, Tatkraft und Hilfe der Engel und uns Sternenmeister, die euer liebender Gott-Vater-Mutter-Kosmischer Geist jedem von euch immer an die Seite gestellt hat – um allen Mangel und Dunkelheit zu durchbrechen und die Herrlichkeit, Erleuchtung und unendliche göttliche Fülle jetzt und hier zu erlangen.

Wir alle lieben euch. Geht in Freude. Geht in Frieden. Wir alle sind dabei stets mit euch.

Sternenmeister Saturn, Der Hohe Galaktische Rat

Erzengel Raphael spricht

Aus tiefstem Herzen grüße ich euch, ihr geliebten Kinder des Lichtes. Ich Bin *Erzengel Raphael*, Engelsfürst und Gottes mächtiger Heiler, denn mein Name bedeutet *Gott allein heilt,* und Ich wirke aus dem Herzen Gottes, um euch, seine über alle Maßen geliebten Göttlichen Funken, zu begleiten und euer Werden zu unterstützen.

Ich Bin Lenker des rosé-grün-goldenen Opal-Kristall-Strahls der göttlichen Heilung und meine Strahlen wirken reinigend, klärend, aufbauend, erneuernd, regenerierend – aber immer sanft und zart, doch gleichzeitig kraftvoll. Sie umhüllen jeden von euch, wenn er mich anruft, mit nährender Liebe und sind *Balsam* für Körper, Geist und Seele.

Groß ist meine Freude, heute hier in dieser irdischen Form in euer Leben zu treten und euch jenes kristalline Seins-Licht zu schenken, zu übermitteln, welches der *Eine-wahre-Gott-der-Liebe* in seiner unendlichen Güte und Weisheit in mein ganzes Sein manifestiert hat: den universellen *Gott-Vater-Mutter-Aspekt-der-Heilung.*

Und Ich Bin und war zu aller Zeit eins im Kristall-Licht des göttlichen All-Eins-Seins mit meinen himmlischen Brüdern Erzengel Aannathas Lichtträger, Erzengel Michael und allen Engeln der universellen Heil-Ebenen, aber auch mit euch Menschen – der allzeit geliebten und geachteten Sternensaat Gottes.

Mein göttlicher Auftrag ist es, euch zu helfen, zu stärken und zu heilen. Doch heile ich nicht nur eure irdischen Körper, sondern auch euren Geist und was euer Leben auf Erden sonst noch betrifft: alle Arten von Partnerschaften und Beziehungen, auch im geschäftlichen Bereich, Situationen, Orte, Gefühle, Gedanken, alle möglichen Geschehen und vieles mehr, was eben sein kann.

Doch um euch zu helfen, brauche ich nicht nur eure Zustimmung, sondern vor allem auch euer Zutun: denn immer ist es eure Ermächtigung, die ihr mir erteilt, damit ich tätig werden kann. Ich bin allzeit bei euch, um euch in meinen Armen zu halten, euch zu stützen und euch alsdann mit eurem Einverständnis zu heilen.

So hört bitte, Kinder des Lichtes, um heil zu werden aber, z.B. von einer Krankheit, benötigt es vielerlei Dinge: vor allem geistige Aspekte. An wichtigster Stelle steht hier eines Menschen Wille. Dann, die Ehrlichkeit, sich selbst im Licht der Wahrheit zu sehen. Den Mut aufzubringen, Dinge, die nicht mehr im Gleichklang schwingen, zu ändern; was sich nicht mehr gut anfühlt, loszulassen. Das Wichtigste aber sind Glaube und Hingabe an sich selbst… somit Gott… und einiges mehr, über das ich euch noch berichten werde!

Geliebte Kinder des Lichtes, geht ihr nun täglich euren Pflichten nach, bitte erinnert euch und schenkt euch Zeit und Muße, denn dann fühlt ihr immer *Botschaften* eurer feinstofflichen Seele durch die *Zeichen* eurer grobstofflichen Körper und erkennt im *Werden und Schicksal* eures Lebens eure Aufgaben, die ihr einst gewählt… und die unumstößlich eure *Lehrer* sind. Seid ihr bereit zu verstehen, kann ich euch führen, und das opal-kristalline Licht der göttlichen Transformation wird euch heilen, so ihr glaubt.

Und dann erinnert euch und erkennt, dass es allein die Liebe ist, die heilt. Die allumfassende und bedingungslose Liebe, für jeden und alles! Vor allem aber für euch selbst. Denn sie allein beinhaltet alles, versteht alles, erleuchtet alles, löst und erhebt alles!

Wenn ihr also beginnt, euch selbst, alsdann alle und alles andere *bedingungslos* zu lieben und nichts mehr zu *verurteilen*, beginnt in eurem Leben das *Göttliche Licht der Liebe* zu erstrahlen. Euer Leben wird fortan ein *neues* sein. Leicht, friedvoll, gesund und glückvoll, voller Anmut und Harmonie. Ein Fluss der Schönheit, der Reinheit und der unendlichen Freude und des Friedens beginnt euch zu tragen.

Dann tretet ihr ein in eure wahre Energie… in euer Göttliches Erbe. Frei und unbehelligt von jeglichem Mangel, Schuld, Unglück, Elend und Krankheit.

Deshalb beginnt als Erstes, euch selbst zu verzeihen… euch mit euch selbst zu versöhnen. Euch mit den gleichen liebenden und versöhnenden Augen zu sehen, wie euch euer *Schöpfer-Vater-Mutter-Kosmischer Geist,* die Quelle aller Liebe und Weisheit, jeden Moment eures Seins sieht.

Und achtet stets darauf, im *Besonderen* euch selbst immer Achtung, Respekt, Toleranz und Liebe… *Selbstliebe* entgegenzubringen, euch Raum zu schenken: durch Geduld in der Zeit, die ihr euch so oft als möglich zugesteht. *Dies zu tun, sollte euer wichtigstes Streben sein*, hier auf Erden, ganz gleich, in welcher Situation ihr euch gerade wiederfindet. *Das wäre dann die bestmögliche Prävention (Vorbeugung) gegen jedwedes Unwohlsein… und dessen Folgen… vielleicht Krankheit.*

Hört, geliebte Kinder Gottes, sich selbst zu lieben heißt, *Gott* zu lieben und zu achten! *Denn Er ist in euch.* Ihr seid unzertrennlich mit Ihm verbunden. *Immer!* Deshalb liebt euch, liebt aber vor allem *das, was euch ausmacht! Ganz einfach euer Leben* – mit all seinen Umständen, die ihr *immer* selber herbeigeführt habt, denn sie sind *karmische* Reaktionen und Auswirkungen eures momentanen und gesamten Seins. *Bitte bedenkt… Karma bedeutet nichts anderes als Handlung – eine Handlung, die einst von euch ausgeführt wurde!*

Auch wenn ihr das in diesem Augenblick vielleicht *nicht* rückverbinden könnt. Wenn ihr jedoch aus freiem Willen und aus Achtsamkeit das Ganze, die Unendlichkeit des Universellen und dessen ewige, im Ausgleich schwingende Weisheit als den *Rahmen* eures Seins annehmt und gelten lasst, werdet ihr verstehen. *Auch wenn sich euch der tiefere Sinn nicht immer gleich offenbart!* Glaubt! Glaubt voller Vertrauen! Glaubt an euren *Seelenplan,* den ihr einst, bevor ihr inkarniert habt, erstellt habt. Und nur so werdet ihr euch heilen! Denn das bedeutet *wahrer* Glaube und führt euch letztendlich ins Licht.

Bitte erkennt auch, dass es die Dinge, Situationen, Ereignisse, Umstände und Begebenheiten des Lebens sind und die Menschen, denen ihr auf Erden begegnet, welche euch aufzeigen und euch so zu verstehen helfen. Sie sind der *Spiegel,* in dem ihr euch sehen und fühlen könnt; an dem ihr euch messen und reiben könnt, sodass dann allmählich euer *Wahres Ich* zum Vorschein kommt. Weil sie euch oft zwingen, innezuhalten, um *hinzusehen.* Denn glaubt mir, meine geliebten Geschwister des Lichtes, nicht alle von euch halten von alleine inne, um zu *sehen,* was nicht mehr im Lot, im Ausgleich ist, und dass ihr ein Teil Gottes seid, immer wart. Und dass allein *ihr* euer Karma erschaffen habt, mit all seinen Höhen und tiefsten Tiefen, und deshalb nur ihr *allein* es auch wieder lösen könnt! Das ist im Übrigen auch der *unbedingte Wunsch* jeder Seele. Sie ist doch universell-wissend, ja göttlich-weise und kosmisch-autark… also selbständig und eigenverantwortlich, und das weiß sie in jedem Augenblick ihres Seins.

Wir Engel dürfen dabei nur helfen, bei dem, was ihr aus freiem Willen und offenem Herzen bereit seid, zu denken… zu fühlen… zu tun!

Und weil ihr das vergessen habt, habt ihr *Illusionen* erschaffen, erschafft sie noch immer in euren Leben. Weil aber eure Seelen göttlich sind, streben sie *nicht* nach diesen in Illusionen erschaffenen Dingen und Umständen, sondern *sehnen* sich vor allem nach Lichtvollem – also nach Dingen und Schöpfungen, welche in der Bewusstheit der göttlichen Einheit und deren bedingungsloser Liebe und Achtsamkeit für jeden erschaffen wurden und werden! Und so leidet ihr, leidet alle unbewusst, trotz Vielem, welches manche von euch besitzen, denn dieses überall sichtbare, meist gedankenlose und verantwortungslose Streben hier auf Erden stellt die irdischen Wünsche *vor* die Wünsche eurer Seele, und das bedeutet unweigerlich *eine von euch „erfühlte Trennung"!* Trennung von dem Sehnen der Seele, welche allein Wahrhaftigkeit anstrebt. Trennung von der universellen Wahrheit und somit vom Göttlich-Ganzen… vom göttlichen Geist, Trennung von eurem wahren Vater, eurer wahren Mutter, wahrem Geist, der Quelle der unendlichen Liebe. Trennung von euren Geschwistern auf Erden und im Kosmos, Trennung von *Allem-Was-Ist und jemals war*. Somit Trennung von dem, was *wahre* Glückseligkeit, Schutz, Sicherheit, Freude, Fülle und Frieden bedeutet. Auch jene, welche wenig oder gar nichts besitzen, leiden in *gleicher* Form, denn auch sie haben vergessen, vergessen, dass sie Schöpfer sind und Mangel *nicht* ihre Wahrheit auf Erden. Und ihr Leid ist ihre Intention!

Doch diese von euch gedachte Trennung hat niemals stattgefunden. Denn ihr seid „untrennbar" ein Teil Gottes, und so „verursacht" diese Annahme in euch und allen euren Körpern eine fatale, krankmachende Energie, die euch bedrängt und schwächt.

Ich, Erzengel Raphael, Bin daher berufen von *Gott, der Ur-Quelle-aller Weisheit*, jeden von euch immer wieder liebevoll zu *erinnern*, dass ihr wahrnehmt und fühlt, was euch je *ausgemacht* hat, wer ihr seid und welche Fähigkeiten ihr immer besessen habt und noch besitzt, die euch selbst aus schwierigsten Lebensumständen immer wieder ins Licht bringen werden.

Jetzt, geliebte Kinder des Lichtes, in dieser von mächtigen Transformations-Strahlen getragenen Zeit auf Erden ist jedem von euch eine einmalige Gelegenheit gegeben, einen größtmöglichen Erinnerungsprozess zu durchlaufen.

Diese dienen euch, aber auch dem *Wohle* des Ganzen und bezeugen in den unerschütterlichen Glauben Gottes an seine himmlische Sternensaat, die Menschenkinder. Und in der nun angebrochenen lichtvollen Zeit auf Erden, dem *Goldenen Zeitalter*, sorgt der *eine, wahre Gott der Liebe* in besonderer Weise für jeden von euch: denn wer jetzt beginnt, sich selbst zu verstehen und zu lieben, und somit Gott, wandelt in einer Energie von Frieden und Fülle! Krankheit, Trauer und Mangel aller Art gehören *nicht* mehr zu ihm.

Denn wer „versteht", weiß auch, dass er allzeit aktive Resonanz ist… die sendet und „empfängt", was sie gesandt hat! Ein universelles Licht-Wesen größter Mächtigkeit und universeller Weisheit. Ein Meister des Lichtes und der Liebe. Geführt und geschützt. Selbstbestimmt und autark. Ein strahlendes Ebenbild Gottes.

Und ihr seht deshalb soviel Elend, Armut und Krankheit auf Erden, geliebte Kinder des Lichtes, weil ihr lange Zeit ohne Gewissen und ohne Achtsamkeit hier auf Erden gewaltet habt und viele unter euch ihr göttliches Erbe, die Kraft des Erschaffens, ganz *vergessen* haben oder es aber nur noch in der Ohnmacht des Mangels nützten, somit Dunkles, Angst und daher tiefe Trauer herbeiriefen! In dieser Zeit nun zeigt euch eure Erdenmutter mit der Macht der Elemente auf, was so nicht mehr sein kann und darf, damit ihr umkehrt und durch Rücksicht und allumfassende Liebe und in der Bewusstheit eurer reinen Schöpferkraft Wahres, Heilvolles und Gerechtes erschafft – für jede eurer Schwestern, Brüder und alles anderen auf Erden. Und jede Aufgabe, die sich euch im Alltag stellt, ganz gleich in welchem Bereich und in welchem Land, ist doch immer nur – *bitte versteht* – eine Lernaufgabe, ein *Lehrer*, und hinter diesem steht immer *Gott-Vater-Mutter-Kosmischer Geist* und seine *universelle Einheit! Denn allein in seinem Licht und seiner Liebe kann stets alles nur heilen!*

Bitte versteht, geliebte Kinder Gottes, Ich, Raphael, Erzengel der Heilung, lenke wohl den "Göttlichen Strahl" der Heilung, doch dieser aktiviert immer nur eure *eigenen Heilkräfte*. Und diese könnt ihr allein in der Klarheit und Wahrhaftigkeit eures Wahren Ichs *entfalten*, wenn ihr euren niederen, in Angst schwingenden Geist, den Verstand, *überwindet*. Und dies gelingt kraft eures freien Willens durch eure lichtvollen Gedanken und eure von Gott verliehene Kraft, welche jedem von euch innewohnt. *Denn ihr seid selber Meister der Göttlichen Weisheit. Ihr habt es nur vergessen!*

Ich, Raphael, bitte euch, bedenkt das! Nicht nur, wenn euch ein schweres Schicksal ereilt, mit welchem ihr verzweifelt hadert, sondern auch sonst, solltet ihr euch, außer eurem mutvollen Willen zur Veränderung, ganz bewusst in Geduld, Vertrauen, Glauben und Hingabe *üben*, denn diese Aspekte der allumfassenden Liebe tragen die *hohe Schwingung* der Heilung in sich. Wichtigster Aspekt jeglicher Heilung aber ist immer die *Versöhnung* mit allem. Somit kann unter Umständen lichtloses Vorangegangenes, also *altes Karma*, liebevoll und freiwillig akzeptiert werden und sodann in der Licht-Energie und der unendlichen

Kraft eures mutvollen Herzens und meiner *himmlischen Hilfe* von euch auf Erden durch weise Tat überwunden und so *gelöst* werden.

Dies ist der wichtigste Teil der Heilung, welchen ihr beitragen könnt und müsst. Absolutes Vertrauen in Gott und somit in euch ist dabei unabdingbar. Da ihr, solange ihr auf Erden verweilt, *niemals* das Ganze vollständig erfassen könnt, bitte ich euch, glaubt, glaubt, auch wenn ihr manches nicht sehen oder verstehen könnt, damit ihr geheilt werdet.

Lasst ihr also die Weisheit eurer Herzen zu, welche alle Zusammenhänge und Auswirkungen in eurem Leben kennt, habt ihr den ersten Schritt zur Heilung getan.

Denn eure Seele verliert sich weder in Schuld noch Ungeduld, sondern sie erkennt zu jeder Zeit die dahinter verborgenen Projekte, die Erinnerung ermöglichen – *ist sie doch allzeit eine Blaupause eures Höheren Ich* –, und nimmt sie in Freude und Geduld an. Allein euer Verstand wehrt sich dagegen, euer *kleines Ego. In euch beginnt ein Sturm*, ein Kampf, welchen ihr anfangs als Unwohlsein, als ein Unglücklichsein, vielleicht auch als Trauer… dann (eventuell) als Krankheit wahrnehmt.

Jetzt spricht eure Seele zu euch… über euren Körper, auf dem sie spielt wie auf einem Klavier – erinnert euch: im himmlischen Sinne ist das Leben auf Erden ein „Spiel"… und es ist ein universelles, himmlisches Spiel, an dem wir „alle" beteiligt sind. Wir himmlischen Engel und ihr „Erdenengel". Was ihr Menschen zweifellos immer seid… und deshalb gibt es auch keine Verlierer. Und handelt ihr auf Erden aus Angst und Mangelgedanken gegen euren ursprünglichen, von euch einst konzipierten göttlichen Seelenplan, so spürt ihr dies als Missklang in euren geistigen und dem irdischen Körper! Wie gesagt, Unwohlsein, Irritationen, Trauer, Angst zeigen sich, aber auch Krankheit könnte die Folge sein…

Denn eure Seele verlangt nach Klarheit. Sie will handeln.

Bringt ihr nun durch geduldiges, ehrliches Hinsehen – in *alle* eure Lebensumstände – sowie freiwillige Tat Bewegung und Veränderung in eine Situation – indem ihr ohne Zweifel dem Ruf des Herzens folgt –, so steht einer heilenden Lösung *nichts* mehr im Wege.

Geliebte Kinder des Lichtes, bitte hört und verinnerlicht immer und immer wieder: Leben auf Erden bedeutet, Schönheit, Harmonie und Liebe zu verströmen. Gleichwohl aber auch freiwillige Sühne, durch die freiwillige Tat, wenn *nötig*, zu erbringen.. um dadurch zu *heilen* und Dunkles ins Licht zu *heben* und dadurch Versöhnung... von wahrem Herzen... mit allem *Unbewussten*, was ist und jemals war, zu erringen! Denn erinnert euch, alles, was ein Mensch auf Erden oder im Kosmos jemals unbewusst *oder* bewusst lichtlos getan und erschaffen hat, will er erlösen. *Er will es durchleben, also selbst erleben.* Und durch Spüren, *Fühlen* am eigenen Leib *erkennen* und wiedergutmachen: *sich in allumfassender Liebe bewusst machen.*

Der Mensch entfaltet so seine wahre Liebe und Bedingungslosigkeit für alles und jeden. Er erinnert sich wieder an das, was er ist ... war ... und immer nur sein wird ... Er erwacht, wird ein klarer, in seinem eigenen Licht göttlicher Wahrhaftigkeit erstrahlender göttlicher Funke. Ein Meister des Lichtes. Er wird Gottes Angesicht sehen in jedem Augenblick seines Seins. Im Himmel wie auf Erden!

Bitte erkennt, geliebte Kinder des Lichtes, diesen Prozess durchläuft jeder Mensch so lange aus *freiem Willen*, bis er sich vollends erinnert und zulässt, dass immer in seinem tiefstem Sein allein Licht und Liebe existiert *und dass dieses Licht immer nur wieder zur Quelle strebt.* Zur *Urquelle aller Liebe*, Gott-Vater-Mutter-Kosmischem Geist. Und dass dies allein im Rahmen der *allumfassenden* Liebe geschehen kann. Das Sehnen in eurem Herzen und eurem Wahren Sein bewirkt deshalb unentwegt ein *Verlangen* nach Erlösung. Denn sich wieder zu erinnern, dass durch Achtlosigkeit oder Egoismus niemals irgendeiner Schöpfung Gottes Schaden zugefügt werden darf, ist der Seele *höchstes Ziel.*

Schenkt ein Mensch auf seinem irdischen Weg seiner Seele Achtsamkeit und Raum und nimmt sein Schicksal voller Kraft, Mut und Freude an, weil er den Sinn „jedes" Lebens erkannt hat, so hat er sich endlich erinnert! Er kann verstehen, wird es annehmen, lieben, handeln und versöhnen! Er ist geheilt! „Er hat sein Schicksal gemeistert." Klarheit,

Wahrheit, Erfolg, Frieden und eine glänzende Gesundheit sind die Ernte dafür!

Die Seele wird sodann dieses wundervolle Tun und dieses erfolgreiche Erinnern in ihr ganzes Sein, ihren Bewusstseins-Speicher, aber auch in den kosmischen Bewusstseins-Speicher, die Akasha-Chronik, einfließen lassen und manifestieren, um so sich selbst und Allem-Was-Ist zu dienen… wie göttlich vorgesehen!

Geliebte Kinder des Lichtes, bitte gebt euch – oder anderen – deshalb keine Schuld, sollte euer Leben nicht immer so verlaufen, wie ihr es euch gerade vorgestellt habt. *Hadert nicht mit eurem Schicksal.* Erkennt darin den Segen… denn *Schicksal* setzt sich aus den Worten *schicken* und *sale* (lat. Heilung oder heilen) zusammen: So bedeutet es… *schicke dich ins Heil*, und genau das geschieht dabei. Nach dem Annehmen und Durchleben eines Schicksals ist der Mensch *weiser* als zuvor und hat in sich ruhende Kräfte wieder *mobilisiert*. Allein wenn er sich dagegen *sträubt* und sich vom Schicksal bestraft und als Opfer sieht, ist Stagnation und dadurch Trauer und Elend, meist auch Krankheit die Folge, weil er seine – vor seiner Inkarnation für sich und seine gewünschte Entwicklung vorbereitete – Lebensaufgabe verweigert.

So überwindet euch, nehmt an, versteht und akzeptiert die *größeren karmischen Zusammenhänge*, die euer Leben bestimmen, bestimmen müssen, denn sie folgen dem *Weg des Erkennens, dem Weg der Erinnerung, der Erleuchtung!* Deshalb erleuchtet *jede Seele* in ihrer göttlichen Weisheit dem Menschen – in dem sie lebt und wirkt, um Gott in seiner Wahrhaftigkeit zu repräsentieren – alle dunklen Ecken seiner Wege: im Heute wie in vergangener Zeit. Sie transferiert immer *wieder* noch *erforderliche* Erinnerungs-Aspekte davon in das *Jetzt*, um ihm die Möglichkeit zu geben, es nach und nach zu verstehen. Um es so lange zu erleben, *durch zu leben*, bis er es im *richtigen Licht, im Licht der bedingungslosen Liebe* zu sehen beginnt. *Und damit beginnt dann die Heilung und die Auflösung!* Bitte versteht, diese Prozesse erfordern immer viele Inkarnationen.

Und deshalb ist es auch niemals in „einem" Leben zu überblicken. Hier helfe Ich euch und... euer tiefer Glaube.

Jede Seele „bestimmt" also immer wieder selber, was, wann, wie und wo wieder einmal geschieht, geschehen kann und darf! Denn es gibt keinen Richter. Außer euch selbst. Es gibt nur den „Einen-wahren-Gott-der-Liebe"! Und dieser ist in seiner Liebe allumfassend und bedingungslos!

Dieses „Bestimmen" passiert zwar auch noch während des Durchlebens eines Ereignisses im Leben an sich. Denn ihr habt den freien Willen, wie ihr damit umgeht. Schaut ihr hin und werdet zum Schöpfer, oder aber seht ihr weg und werdet zum Opfer. Wobei dann meist Elend oder Krankheit folgt, wie ich euch schon mitteilte.

Immer aber bestimmtet oder bestimmt ihr den Ablauf eurer Leben vor einer "neuen Inkarnation". Dies geschieht stets außerhalb der irdischer Zeit und des irdischen Raumes, sowie des „irdischen Verstandes". Weil dieser die grenzenlosen Zusammenhänge des „Geistigen" weder versteht noch akzeptiert. Allein der „Höhere Verstand" der „Universelle Geist", kann das Ganze allumfassend erkennen, deshalb alle erforderlichen Fakten und Aspekte verstehen. So koordiniert die Seele in ihrer „Wahrheit des Ich Bin" für sich selbst ein neues Sein auf Erden, um ein lichtvolles Ergebnis im Sinne von „Erleuchten" zu erreichen.

Dies nennt ihr Karma oder Schicksal, und natürlich seid ihr ihm anheimgegeben. Doch erkennt, immer ist es euer eigener Wunsch gewesen und ist es noch, denn ihr seid frei in den Gedanken und somit frei in eurem Erschaffen. Heute... wie einst.

Ihr liebsten Kinder des Lichtes, seid also achtsam und geduldig und seht mehr und mehr mit den „Augen der Seele" in euer Leben. So werdet ihr wissen, dass nur durch Selbstliebe, Geduld, Stille, Vertrauen und Glauben an euch selbst, sowie Selbstermächtigung eine Veränderung zum Positiven im Leben erfolgen kann. So kann dann letztendlich Wachstum, Ausdehnung, Entfaltung des Göttlichen „in" euch, alsdann „um" euch erfolgen. Vor allem aber werdet ihr voller Elan, Freude und strahlender Gesundheit durchs Leben gehen... fast könnte Ich ja sagen... schweben: denn eure Schritte werden leicht sein wie die himmlischen Wolken und *euer Tun voller licht- und wundervollem Gelingen. Und das ist der einzige Wunsch eurer Seele, ihr einziges Sehnen!*

Ich Bin Erzengel Raphael, Engelsfürst und Gottes mächtiger Heiler, denn mein Name bedeutet „Gott allein heilt", und Ich wirke aus dem Herzen Gottes: um euch, seine geachtete und gesegnete Sternensaat, die ihr allezeit seid, zu begleiten und euer Werden zu unterstützen. Ich Bin Lenker des rosé-grün-goldenen Opal-Kristall-Strahls der göttlichen Heilung und berufen, euch Wege der Heilung, welche euch auf Erden zur Verfügung stehen, aufzuzeigen und sie zu erläutern. Des Weitern soll Ich euch von den himmlischen Mächten der Heilung berichten, welche Engel hüten, und euch Zeichen senden, damit Heilsein für jeden von euch einfach wird und sodann in eurem Leben verbleibt.

Jedem Einzelnen von euch werde Ich meine machtvollen Heil-Strahlen senden, ruft er mich an… denn Ich liebe euch sehr.

Raphael

Sinn des Lebens „Der Seelenplan"

Ihr alle, geliebte Kinder Gottes, werdet oder seid auf Erden eurem *Schicksal* schon mehrfach begegnet. Und… ist dieses in euren Augen negativ ausgefallen, wart ihr wahrscheinlich nicht gerade begeistert. *Was ich natürlich gut verstehen kann.*

Ich Bin Heiler und fühle dann eure Schmerzen, Trauer und sehe all die Fragen, die sich euch dadurch auftun.

Weil ich euch aber helfen will, weise ich euch darauf hin, dass es nötig ist, auch weiter zurückzuschauen: nämlich auch in eure alten Leben. Die meisten von euch wissen es ja, aber trotzdem wiederhole ich es hier nochmal: Euer jetziges Sein auf Erden ist die Summe aller vorangegangenen. Denn ihr seid nun mal alle universelle Resonanz: und alles, was ihr jemals gedacht, gefühlt, gesagt und getan habt – im Positiven wie im Negativen, bedingt und erzeugt *Resonanz.*

Denn Schwingung ist eure göttliche Ur-Essenz, und so schwingt ihr unentwegt und erschafft so Resonanz, was Energie-Austausch und so Informations-Austausch bedeutet… in jedem Augenblick eures Seins. Auf Erden wie im Himmel.

Also steht ihr immer in stetiger *Verbindung* mit Allem-Was-Ist auf Erden und im Universum. Das ist sowohl eine geistige wie auch wissenschaftliche Wahrheit. *Und die universelle Wahrheit lautet: Alles ist eins.* So sind eure Schicksale auf Erden immer miteinander verknüpft, auch wenn ihr das nicht wahrnehmt oder wahrhaben wollt.

So sind Menschen in einer Partnerschaft und Menschen in einer kleinen Gemeinschaft, einem Dorf, einer Stadt, einem Land, einem Kontinent und auch einem Planeten einem „gemeinsamen Schicksal"… oder man könnte auch sagen: mit der gleichen Aufgabe, einen bestimmten göttlichen Aspekt ins Licht zu bringen – von sich selbst erwählt – beauftragt.

So kommt jeder Mensch an einem selbstgewählten Ort, zur selbstgewählten Zeit und in die selbstgewählte Familie, Land, Kontinent auf diese Erde. Und die Erde ist in ihrer Inkarnation ein *Schulungs-Planet*… der sich allerdings jetzt in eine nächsthöhere Schwingungs-Frequenz begibt, wie ihr wisst.

Ich höre jetzt eure Fragen: Aber warum inkarniert ein Mensch in ein Hungergebiet oder in ein Kriegsgebiet. Das ist doch *dumm* und die Seele ist doch göttlich-weise?

Nun, da habt ihr recht, aber die Seele ist auch *multidimensional* und sieht nicht nur den Sekundenbruchteil – *denn mehr ist es nicht für die Seele* – eines Erdenlebens, sondern *immer* das Ganze. Und das Ganze umfasst die *Ewigkeit*, allein hier ist eure Seele zu Hause! *Also wird sie auch immer nur nach diesen Kriterien handeln!*

Geliebte Kinder des Lichtes, jetzt bitte ich euch, einmal darüber nachzudenken, was ein Mensch – und ich sage nicht Seele, denn sie ist ja immer *bewusst* – was ein Mensch lernen könnte bzw. an was er sich erinnern könnte, wenn er in den Krieg zieht oder da hinein geboren wird?

Nun, ihr alle wisst, was in einem Krieg geschieht… geschehen kann. Über dieses Grauen und Elend brauchen wir also nicht zu sprechen. Überlebt der Mensch Krieg, Elend und Schmerz, sollte er da heraus seine *Erfahrungen* ziehen, und diese sollten immer mit der Weisheit des Herzens beleuchtet sein, ansonsten kann er sich nicht *wahrhaft* erinnern. Erinnern, *was er ist* und welche anderen Möglichkeiten außer Wut, Hass und Vergeltung er hat, um einen Streit oder einen Angriff zu lösen: nämlich Toleranz, Geduld, Gelassenheit, Verstehen, Rücknahme – in einem Wort –allumfassende *Liebe*.

Aber auch wenn er sein Leben dabei verliert, durchläuft er den gleichen Erinnerungsprozess… allerdings in den himmlischen Ebenen der Liebe und des heilenden göttlichen Lichtes, in dem ihm Engel zur Seite stehen.

Bedenkt dabei bitte immer… Schmerz ist der Diener der Erkenntnis!

Stirbt also der Mensch während eines Kriegsgeschehens, so wird er im Augenblick des Gehens von der Erde sein Leben wie einen Film vor sich ablaufen sehen: Er wird vor allem die schmerzlichen Erfahrungen in seinem Leben nochmals heftig nachempfinden, „besonders stark" jene, die er „anderen" zugefügt hat. Hierbei gibt es jedoch „kein" Schuldprinzip, wie ihr wisst, denn Gott ist ohne Urteil, und so erwartet ihn in den himmlischen Ebenen des Lichtes „keine" Bestrafung, sondern Trost und Liebe durch die Engel. Kann er empfinden, verstehen und die Einsicht zulassen, dass er seinen göttlichen Geschwistern – denn das seid ihr Menschen immer und zu aller Zeit – Unrecht und Schmerz zugefügt hat, wird er alsbald in seinem nächsten Seelenplan und Inkarnation „Wiedergutmachung" manifestieren. Und so verfahrt ihr mit allen Begebenheiten, die euch in eurer Wahrheit des Herzens, und dieses schwingt in der göttlichen Intention „bedingungslose Liebe", klar werden, um sie wieder in lichtvollen Ausgleich zu bringen.

Wie euch Erzengel Aannathas bereits sagte, *vergaßen* die Sternenkinder am Anbeginn der Zeit beim Erproben ihrer Schöpfermächte, *wer sie waren und warum sie inkarnierten.* Und deshalb durchliefen und durchlaufen noch alle von euch einen Erinnerungs-Prozess, der nur auf Erden stattfindet und der *Licht und Schatten* aufzeigt, sodass Schöpfermacht nur lichtvoll-bewusst und weise eingesetzt wird. So durchlebt jedes Menschenkind – freiwillig – *alle* nur *erdenklichen* Lebenssituationen und Zustände, Umstände, um dann zu verstehen.

Und Krieg ist eine davon.

Und so durchlaufen, durchleben Menschen auf Erden immer wieder gleiche Prozesse... Schicksale, auf *eigenen Seelen-Wunsch,* bis ein bewusstes Erwachen stattfindet: wenn das kleine Ego bereit ist zu verstehen, indem es sich bei allem, was geschieht, *nicht als Opfer, sondern als Heiler erkennt.*

Denn tritt der Mensch (beim Tod) ein in die himmlischen Ebenen des Lichtes, übernimmt die Seele wieder zu 100% die Führung. Trotzdem achtet sie auch *hier* den freien Willen des Menschen, der auch an diesem *kosmischen* Ort seine *lichtvolle oder lichtlose* Macht noch innehat. *Es steht ihm frei, weiterhin dunkle Gedanken-Aspekte zu erschaffen.* Und so *wählt* er dann auch die *Lichtebene*, in der das nur möglich ist, und diese ist entweder schwarz, da verhüllt, und lichtlos oder grau, in der alles Wahre und Lichtvolle verschwommen ist! Von dort aus inkarniert er auch wieder auf Wunsch in die Welt und arbeitet weiterhin daran, zu erwachen in sein *wahres Ich der allumfassenden Liebe,* das ohne Zeit agiert und sich deshalb dem Menschenwillen immer unterordnet... um diesem und auch dem Wohle des Ganzen zu dienen.

Bitte versteht, immer sind im „geistigen Zell-Bewusstsein" einer Wesenheit, wie ihr alle eine seid, alle irdischen Inkarnations-Aspekte, wie Licht- und Schatten-Erfahrungen, „gespeichert" und vorhanden, bis sie von euch durch Verstehen und Versöhnen „gelöscht" werden.

Sie werden also mit in die himmlischen Licht-Ebenen genommen und ruhen da oder werden auch da weiter ins Licht gebracht. Bei der nächsten gewünschten Inkarnation werden sie dann, mittels des Zellgedächtnisses, in Aura und Kausal-Körper des Menschen manifestiert.

Dies ist somit entscheidend, in welchem Umfeld (Kontinent, Land, Stadt usw.) und Umstand (Reichtum, Armut, Familienstand usw.) „inkarniert werden kann". Es ist die Schwingungs-Grundlage und Basis, die eine Seele immer beachtet, da sie weise für die nächsten Lern- und Erinnerungs-Prozesse den richtigen Rahmen wählt.

So fügt und zeigt sich dann das Schicksal... und ihr kommt mit den verschiedensten Ansprüchen an euch selbst auf die Welt, um Schatten ins Licht zu heben.

Und deshalb, geliebte Kinder des Lichtes, gibt es auf Erden nur unterschiedliche Schicksale, keines gleicht dem anderen, so wie auch ihr, von Gott erschaffen, keiner dem anderen genau gleicht. So erkennt bitte darin und daran Gottes Weisheit und Genialität... und ihr müsst diese nicht mit eurem Verstand begreifen: Öffnet dafür euer Herz und es wird euch ein ganz wundervoller Strom der universellen Liebe und lichtvollster Harmonie durchströmen, weil ihr beginnt zu glauben.

Andernfalls, ohne Vertrauen in eure *ewige, göttliche Weisheit*, welche immer die Wahrheit eures Ewigen Seins und euch eigen ist, seht ihr in eurer Unbedarftheit und eurem Leid über euer Schicksal nur den *kleinen* Teilaspekt eures jetzigen Seins – *nämlich euer jetziges Leben und werdet so unabänderlich zum Opfer, was meist Krankheit nach sich zieht.*

Denn es gibt in diesem Augenblick des irdischen Zeitzyklusses, in dem ihr euch eben gerade befindet, wahrscheinlich *keine* plausible Erklärung noch Rechtfertigung für eine *eventuelle* Krankheit oder ein unerkläriches Unwohlsein, wenn ihr versucht, die Situation mit dem Verstand *einzuschätzen. So bleibt nur noch die Opferrolle!*

Opfer des Schicksals zu sein, bedeutet aber immer Hilflosigkeit, und somit Druck, Trauer, Zwang. Dies aber lässt sich nie mit der „Göttlichen Freiheit", welche die Essenz jeder Seele ist, *vereinen.*

Passiert dieses – und es passiert eben sehr, sehr oft –, *so beginnt sich die Seele daraus zu befreien und wählt vielleicht ein neues Leben, auf jeden Fall aber Lösungs-Ansätze für die neue Inkarnation! Das bedeutet: Der neue Lebensplan hat ein absolut geniales Manifest und will von der Seele auf Erden möglichst umfassend „umgesetzt" werden. Hierbei kommt es nun auf den Menschen an, inwieweit er es verstandesmäßig zulässt...* doch wie gesagt: Die Seele schwingt in göttlicher Gelassenheit, Harmonie und Weisheit, und in dieser kommt sie, so oft wie der Mensch es braucht, um es zuzulassen und so zu erwachen, wieder.

So hört, geliebte Kinder des Lichtes, der Seelenplan, der von euch auch *Schicksal* benannt wird und dessen *Grundlage* alle vergangenen Leben und deren *bisherige* Erfahrungen sind, wie wir euch schon sagten... und die stets das *weitere* Schicksal eines Menschen bestimmen, ist die *Lebensbühne* eines Menschen, die er *selbst* kreiert hat.

Das Spiel heißt *„Sinn eines Erden-Lebens".*

Der „Autor" dieser Aufführung ist die Höhere Selbst-Seele.

„Regie" führt allein der Mensch und er ist gleichzeitig der „Hauptdarsteller"!

Dann gibt es da noch einige *Zweit-Hauptrollen*, wie Eltern, Partner und Kinder… und viele *Nebenrollen*, die Freunde (die auch manchmal Zweit-Hauptrollen innehaben können) und sonstige Verwandte und Menschen, die darin (mit) spielen. Sie sind allesamt mächtige, klare Spiegel und – immer gegenseitig-wirkende – *Schicksalshelfer*: für den Hauptdarsteller, *und dienen gleichzeitig auch immer sich selbst*. Und sie stammen fast immer aus der gleichen *Seelenfamilie*.

Bitte erinnert euch, Höhere Selbst-Seelen „schließen" sich in den himmlischen Ebenen des Lichtes zu einer Seelen-Familie zusammen, wenn sie „gleiche" universelle Ziele verfolgen, um dem Einen-Wahren-Gott-der-Liebe zu dienen, um Vollkommenheit und Wahrhaftigkeit göttlicher Aspekte wie Mitgefühl, Freude, Geduld, Schöpferkraft, Selbstliebe usw. immer wieder lichtvoll zu manifestieren. Und sie tragen meist auch die gleiche Bewusstseins-Energie. Allerdings werden auf „Wunsch" auch manchmal noch nicht so bewusste Seelen – weil noch durch den niederen Geist blockiert – aufgenommen. Sie haben dann immer das gleiche Entfaltungs-Thema und brauchen die „besondere" Hilfe dieser Seelenfamilie! Die natürlich mit größter Liebe und Hingabe gewährt wird.

Und dann gibt es da noch jene, die vielleicht nur ein oder zwei Sätze sagen… oder auch gar nichts, und einfach nur *kurz* im Leben des Hauptdarstellers erscheinen. Das sind weitere *Schicksalshelfer*, die als *Zusatz-Spiegel* dienen und die meist nicht aus der gleichen Seelenfamilie stammen, aber ähnliche Aufgaben übernommen haben.

Die *Spiegel* – das können, wie gesagt – sich wandelnde Menschen, aber auch Situationen oder Umstände sein, auch Gegebenheiten, die der Mensch bei seiner Geburt vorfindet und die ihm auch im weiteren Leben immer wieder begegnen. *Und sie alle sind gewollt von der Seele, denn sie zeigen – unmissverständlich – auf und helfen so, zu verstehen.* Zu verstehen und zu erkennen, was im Leben noch nicht in harmonischem Fluss das All-Eins-Seins im Licht der Liebe schwingt, und deshalb vom Menschen *beachtet und gewandelt* werden will. Darüber erfahrt ihr gleich mehr im *nächsten* Kapitel.

Diese Gegebenheiten und Umstände (Spiegel) im Leben eines Menschen nenne ich jetzt, in dieser Metapher… die Bühnenbilder: Hier findet die Aufführung „Sinn eines Erdenlebens" statt!

Bitte beachtet also, dass auch die Bühnenbilder *vor* der Inkarnation von der göttlichen Einheit *Höheres-Selbst-Seele* gestaltet werden und wurden. Wie schon gesagt, bestimmt sie für sich Land, Familie und sämtliche *Lebensumstände*… und so kann und konnte nun dieses himmlische Spiel beginnen!

Also, stellt euch vor, ihr spielt das Bühnenstück: Sinn eines Erdenlebens. *Jeder von euch ist hier Hauptdarsteller und führt Regie!* Wie soll das Stück gespielt werden? Mit hingebungsvoller Annahme, Mut, Absicht, Tatkraft, Toleranz, weiser Voraussicht, Offenheit, Glaube, Mitgefühl und in der Freude der Leichtigkeit… oder aber verbissen, intolerant, engstirnig, mutlos, tatenlos, angstvoll, ungläubig, uneinsichtig und stur, in Härte und Schwere: weil ja sowieso nichts klappt und nichts daran geändert werden kann!

Aber… *allein ihr bestimmt es. Habt immer bestimmt, in allen euren vergangenen Leben! Und es waren viele!*

Bitte fühlt euch da hinein. Regie zu *führen,* benötigt vor allem Umsicht, Achtsamkeit, Hingabe, Gelassenheit, Geduld, Kompetenz und allumfassende Liebe.

Und nun seid ihr *auch* gleichzeitig der Hauptdarsteller. Und die Hauptrolle erfordert *Selbstliebe,* Mut und Selbstachtung. *Vor allem aber Vertrauen und Glauben an sich selbst.*

Mancher von euch fühlt und fühlte sich da *überfordert.* Alles war ihm zu viel, zu anstrengend und zu umfangreich. Er verweigerte sich, trat erschrocken zurück und wurde dadurch schwach… wurde *Opfer.* Dadurch unbewusst – und so nahm das *Schicksal seinen Lauf.* So kam und kommt dann *Angst* auf: die Folge ist immer *übermäßige* Kontrolle. Dieses Misstrauen gegenüber der eigenen Schöpferkraft macht es dann erst wirklich *schwierig* und… so kam oder kommt eines zum anderen und schon läuft alles – *das Leben* – schief. Und in dieser – so *scheint* es – verworrenen Situation befinden sich jetzt viele Menschen auf Erden. Sie haben die Regie aus den Händen gegeben… an ihr vermeintlich schreckliches und unausweichliches Schicksal… und werden so zu dessen *Spielball!*

Die Folgen davon kennt ihr alle.

Geliebte Kinder des Lichtes, bitte erkennt, dass euch niemals irgend jemand die Regie aus den Händen nahm oder nimmt, immer habt ihr sie – vielleicht traurig über eure Unzulänglichkeiten – freiwillig losgelassen. Und irgendwann habt ihr auch vergessen, die Hauptrolle in eurem Leben zu spielen, weil ihr euch überfordert gefühlt habt. Dies liegt meist daran, dass ihr zu schnell, ungeduldig und unruhig seid und zu wenig an euch selbst glaubt! Und so sage ich euch, lasst euch Zeit und schenkt euch Zeit, denkt Leichtigkeit und Freude, wenn ihr jetzt darangeht, ganz bewusst wieder Hauptdarsteller und Regieführender eures Lebens zu werden. Wir sind dabei an eurer Seite und geben euch gerne Regieanweisungen, wenn ihr uns ruft! Denn wir lieben euch sehr.

Deshalb erkennt, *Opfer eures Schicksals* seid ihr *niemals,* niemals gewesen oder werdet es je sein, sondern immer nur Lernende, sich *Erinnernde.* Aber auch immer *Lehrende!* Denn alles, was auf Erden gelebt und errungen wird und wurde, wird ja in die Akasha-Chronik eingespeichert, aus der dann alle anderen Menschen bzw. Seelen, die es dann den Menschen *über Gefühle vermitteln,* schöpfen können!

Geliebte Kinder des Lichtes, so bitte ich euch, achtet das *wichtigste kosmische Gesetz der göttlichen Ordnung.* Hierbei erhebt sich jede Menschen-Seele aus *eigenem* Willen, eigener Kraft, sowie eigener Tat durch Lösen alles Dunklen ins Licht und *heilt* Alles-Was-Ist. Doch die Zeit dafür muss gereift sein, und das entscheidet der Mensch stets selbst. Verweigert sich der Mensch jedoch, weil er träge, angstvoll, eng und festgefahren ist, folgt zwingend Depression und meist Krankheit, denn der Weg der Seele ins Licht wird durch den Verstand blockiert. Somit ist eine *Weiterentfaltung des „Göttlichen Plans"* für die Seele nicht mehr möglich. *Alles Leben auf Erden wird sinnlos und leer.* Denn jegliche lichtvolle Entwicklung ist *blockiert.* Was sich daraus – was immer eine Entscheidung des Höheren Ich ist – ergibt, auch ergeben kann, erachtet ihr für euch als das *absolut* Furchtbarste: *den Tod.* Und doch ist er das Wahrhaftigste, das *Wichtigste*: Licht-Transformation, welche immer Wandlung bedeutet, deren Ziel Erwachen und Erleuchtung ist. *Und Wiederheimkehren ins Licht der Liebe, um neue Kraft und Mut zu schöpfen.*

Gerne gebe ich euch einige Schicksals-Beispiele, die euch das aufzeigen:

Bleibt ein Mensch auf Erden allein, weil er sich nicht binden will – gefühlt in seinem tiefsten Herz-Empfinden – oder weil immer wieder ein Partner von seiner Seite geht, hat die Seele *wohl gewählt,* dieses Leben ganz alleine zu schaffen und zu erschaffen! *Lösung:* Absicht und Entscheidung, vor allem die *eigene* Schöpferkraft zu leben.

Erfährt ein Mensch immer wieder Ablehnung, wird gemobbt, unfair und lieblos *behandelt* oder ähnliches, sollte er über seinen Selbstwert und seine Selbstliebe *nachdenken. Lösung:* Er sollte den Selbstwert stärken durch Anwenden von Selbstliebe!

Wird ein Mensch immer vergessen, nie liebevoll bedacht, erhält nie Geschenke und Fülle, so sollte er beginnen, sich selbst mehr zu gönnen, sich *selbst mehr* Gutes zu tun… zu schenken. So nützt er weise das Resonanzgesetz, *löst* somit dieses Projekt!

Erlebt bzw. kommt ein Mensch auf Erden in seinem unmittelbaren Umfeld *immer wieder* mit Tod in Berührung, so hat er eben *selber* ein Thema (Angst) damit – welches er *allein* durch lichtvolle Bewusstwerdung *überwinden* kann. *Lösung:* Dazu gehört ein Erlernen, ein Erinnern an alle kosmischen Gesetze: Resonanz-Gesetz, Reinkarnation, Quanten-Licht-Weisheit usw. durch Meditation, Stille und angstfreies Öffnen des Herzens. Lesen von einschlägiger, weiser Lektüre sowie Seminare etc. könnten das unterstützen.

Geliebte Kinder des Lichtes, die wichtigste Botschaft, die mir, Erzengel Raphael, angetragen ist, euch zu übermitteln, ist jene, dass jede Seele für die „selbsterwählten" Aufgaben, die sie mitbringt auf die Erde, alle Kraft und allen Mut, sie zu überwinden und sie so zu lösen, immer in sich selber „mitbringt"! Und wenn sie sich daran erinnert, sie niemals Opfer sein muss, was meist Krankheit, Abrutschen in jeglichen Mangel, geistige und irdische Armut und Verelendung bedeutet!

So solltet ihr vertrauen, um heil zu werden, und zulassen. Zulassen... euer Schicksal... euren selbsterstellten Seelenplan... und „Wer" ihr wirklich seid! Denn allein in dieser Bewusstwerdung beginnt euer göttlicher Same, euer Licht und eure lichtvolle Macht zu wachsen und sich zu entfalten, und das bedeutet für euch Gesundheit für Körper und Geist. Könnt ihr diese göttliche Wahrheit für euch gelten lassen, weil ihr wahrhaft glaubt, werdet ihr eure „unermesslichen" und Wundervollen Kräfte, welche in jedem von euch ruhen, wiedererlangen und nützen können. Euer Samen, euer göttliches Licht, welcher immer in euch liegt, wird zu einer mächtigen Flamme werden und euch im Innen erleuchten: um jeden von euch zu wärmen, zu reinigen und so alles zu erhellen. Und euch so die Ewigkeit Gottes und seine himmlischen Mächte allzeit präsent sein lassen, auf das euch auf Erden jegliche Fülle zuteil wird; auf das ihr frei von Angst, Mangel und Krankheit die Pfade eures Seelenplans und somit die lichtvollen Pfade der Erleuchtung wandeln könnt. Und ich werde jeden, der dabei bereit ist, mir sein wahres Vertrauen zu schenken, auf meinen Flügeln des himmlischen Lichtes tragen und ihn einhüllen in die alles heilende Liebe aller göttlichen Herrlichkeit, auf das er seine irdischen Pfade der Erleuchtung in meinem Strahlen freudvoll und gesund an Leib und Seele wandeln kann.

Seid auf euren Wegen von mir gesegnet ... denn ich liebe euch unendlich.

Raphael

Die Spiegel

Geliebtes Kind des Lichtes, ich sprach dir von den *Spiegeln,* die sich dir in deinem Leben zeigen, um dir zu dienen. Diese können sich darstellen als Menschen, als Situationen und Geschehen.

Aber immer sind sie für dich hilfreich und sehr wichtig, denn du *selbst* ziehst sie – karmisch-energetisch – in dein Leben.

Bitte erinnere dich: Jeder bringt in seinen Lichtkörpern *gespeichert* alle (positiven wie negativen) Erfahrungen, Emotionen und Blockaden (immer) wieder mit. *Diese sind die Basis deines Seelenplans.* Nur so kann ein Mensch ihn dann – nach und nach – in seinen Lebensalltag manifestieren. *Dies tätigt die Seele in ihrer ewigen göttlichen Weisheit selbständig.* So erschafft sie *unabhängig* vom Verstandes-Bewusstsein Lebenssituationen oder bringt Menschen in dein Leben, die dir etwas aufzeigen, damit du erkennen kannst, was du erkennen möchtest und… weswegen du inkarniert hast!

Du kannst *immer* davon ausgehen, dass diese, *deine* Seelengeschwister sich dazu bereiterklärt haben, dir Spiegel zu sein: denn am Beginn einer neuen Inkarnation habt ihr gemeinsam darüber beraten, wie ihr euch auf Erden begegnen, ja, wie ihr euch gegenseitig helfen könnt. Und immer dient dieses Geschehen *allen,* die daran *beteiligt* sind; ja, selbst jenen, die nur von der Ferne davon hören oder sehen. Ihr seid ja zu aller Zeit miteinander in göttlicher Liebe verbunden, und so seid ihr auch immer im tiefen Wissen eurer *wahren* Herzen bereit, für euch einzustehen und euch liebevoll zu dienen! Auch wenn das (meist) nicht immer gleich erkennbar ist.

Hat nun ein Seelenstern für sich entschieden, auf Erden das göttliche Bewusstsein *Frieden* weiter zur *Vollendung* zu bringen, so wird er ein Kriegsgebiet *wählen*, um zu inkarnieren!

Sicherlich wird jetzt dein Herz-Bewusstsein protestieren und melden: *Niemals* gehe ich freiwillig in den Krieg, um zu kämpfen. Nun, geliebtes Kind des Lichtes, so kann ich, Erzengel Aannathas, dir sagen, du bist *bereits erwacht…* in Licht und Liebe. Hast verstanden – weil du es viele Male an deinem eigenen Körper schmerzlich erfahren hast, dass Krieg und Töten nur Elend, Leid und Tod bringen. Immer nur bringen können. Da jeder von euch universelle Resonanz ist, so kann es nicht anders geschehen, bis es endlich durch Erkenntnis gelöst wird und irdische Prozesse, welcher Art auch immer, durch Verständnis und Toleranz sich befrieden werden!

Bitte verstehe, durchläuft ein Mensch diesen *Friedens-Entfaltungs-Prozess,* so hatte er in seinen vorherigen Inkarnationen jene Seelen-Aspekte wie Verständnis, Toleranz, Achtsamkeit oder Mitgefühl auf Erden *nicht* mit eingebracht. Er hat sie *verworfen…* vielleicht in Zorn, Unverständnis, Wut oder übersteigertem Machtanspruch, und so zogen sich diese seine Seelenteile zurück! Sie schlafen… im göttlichen Licht der Hingabe und der bedingungslosen Liebe. Sie schlafen so lange, bis der Mensch (meist erst) in einer weiteren Inkarnation – fast immer – durch schmerzliche Erfahrung *erkennt,* z.B. dass Bekriegen immer wieder Krieg nach sich zieht, dass dies letztendlich ein Elend ohne Ende ist! Dieses lichtvolle Wissen integriert er sodann in liebevollem Verstehen in seine Aura, die Lichtkörper, und hat damit sich selbst und dem *Großen-Ganzen-Gott-Allem-Was-Ist* gedient und die Welt geheilt!

Fortan wird das Thema Krieg nicht mehr „direkt" in seinem Leben erscheinen (er wird nicht mehr unmittelbar davon betroffen sein), denn er hat sich erinnert…. hat verstanden und es so ins Licht gehoben! Die nächste Inkarnation könnte diese Seele wählen, um anderen, in irgendeiner Form, Frieden zu bringen. Dies setzt sich in allen Inkarnationen dann stufenweise fort…

Immer lichtvoller. Immer liebevoller. Immer weiser.

So, geliebtes Kind des Lichtes, geschieht es auf Erden mit *allen* Themen, die *möglich* sind zu leben. Dies sind u.a. Partner-Themen, Mutter-Kind-Themen, Vater-Kind-Themen, Chef-Themen, Geld-

Themen, Selbstermächtigungs-Themen, Macht-Themen … also Entfaltungs-Themen jedweder Art und vieles mehr…

Erzengel Gabriel wird in einem der nächsten Bücher darüber in seiner göttlichen Weisheit und Wahrheit sprechen.

Ein sehr eindeutiger Spiegel kann für dich ein Mensch sein, der dir sehr nahe oder auch etwas ferner ist. *Auf jeden Fall zeigt er auf.* Vielleicht erinnerst du dich nun an einen solchen Menschen, der dich sehr angestrengt, geärgert, aufgeregt, ja, gar verletzt hat: *Genau das aber ist Zweck.* Das, worüber du dich aufgeregt hast, das, was dich geärgert oder verletzt hat, ist genau das, was du in dir *noch nicht* in bedingungsloser Liebe *angenommen* hast. Was du dir verwehrt hast. Nicht gegönnt hast. Was du aus Bescheidenheit vielleicht ausgeschlagen hast. Wo du dich nicht gewehrt hast. Was du hingenommen hast, obwohl es wehtat! Und es ist das Thema: *Selbstliebe.* Darüber sage ich dir gleich etwas mehr.

Beobachte nun in Zukunft dein Leben aufmerksamer: was eine Person… oder auch eine Situation dir zeigt. Trifft es dich, *mehr als gewünscht,* so sei ganz *ehrlich* zu dir: Beleuchte es in Stille und Wahrheit und erkenne dann, was du vielleicht auch *gerne* hättest oder eben *nicht* gerne hättest. Dann ändere es… im positiven Sinne! Arbeite daran so lange, bis es ein für dich *befriedigendes* Ergebnis erreicht hat. Bis du glücklich bist!

Und… danke dem Spiegel aus vollem Herzen.

Verstehe dann als nächstes bitte, dass dir diese oder eine ähnliche Sitation *so lange* wieder begegnen wird, bis du dieses Thema für dich in Liebe *abgeschlossen* hast: bis du dir gegönnt hast… bis du dich gewehrt hast… bis du tust, was du willst… usw. *Jetzt ist dieser Aspekt geheilt und du bist in Frieden und Harmonie mit dir und der Welt.* Und du erkennst es dann daran, dass dich dieser Mensch oder diese Situation *nicht mehr aufregt!* Und jetzt hast du einen wichtigen Punkt deines Seelenplans *erledigt.*

Gerne gebe ich dir ein Beispiel dazu:

Es könnte z.B. sein, dass ein Mensch in deinem Umfeld ist, der sehr gezielt, fordernd, ja, äußerst anspruchsvoll durchs Leben geht.

Und du bist der Meinung, dass ihm das gar nicht zusteht! Nun, wenn er das für sich so sieht, er es so leben will, so ist das sein Wunsch, seine Schöpfung *und es darf so geschehen.* Welche Konsequenzen sich für ihn – energetisch-karmisch – dadurch ergeben, sollte *nicht deine* Überlegung sein! *Du* solltest hieran allerdings etwas erkennen, weil du dich daran stößt: *es ist vor allem dein Projekt!*

Die Dinge oder Eigenschaften die dich dabei – also in dem Spiegel, der dir vorgehalten wird, ärgern – zeigen ganz klar auf, was du in dir in Liebe annehmen möchtest oder dir zugestehen solltest:

Wo möchtest du zielgerichteter sein und traust es dir nicht zu? Wo möchtest du mehr fordern und hast Angst davor? Wo möchtest auch du anspruchsvoller sein und bist – zähneknirschend – immer nur bescheiden? Hier liegt deine *Lösung:* Lebe Selbstliebe und lasse all diese deine Wünsche *zu.* Beleuchte sie mit deiner Schöpferkraft und dann setze sie um. *Nur für dich allein!* Nur du bist hier wichtig! Denn nur so ehrst und achtest du deine Seele, dein Höheres Selbst... GOTT!

Und das, geliebtes Kind des Lichtes, ist Sinn und Zweck: nämlich allen irdischen Spiegeln gelassen, ruhig und geduldig, ohne Zorn und Wut, zu begegnen, die du für dich einst vorgesehen hast, sie zu erfahren an Leib und Seele. Dadurch weise zu erkennen und in Liebe anzunehmen. *Ohne Schuldzuweisung... weil diese, deine Erinnerungs-Aspekte mindert.* Denn bleibst du im Ärger und in Wut darüber hängen, so schadest du vor allem dir selber. Dir geht es schlecht und immer schlechter... und du weißt nicht, warum und wie du es ändern kannst!

Liebster Seelenstern, so wandle in Zukunft bewusst durch dein Leben und heiße jeden „Spiegel" willkommen, der sich dir zeigt. Sieh voller Geduld, Gelassenheit und der Weisheit deines Herzens in ihn hinein... während du voller Verstehen und Verständnis deiner Seele dankst... weil du weißt, wie wichtig diese Spiegel für dich sind, um dich zu erinnern. Zu erinnern, dass du ein Göttliches Wesen der Liebe bist. Dass du gekommen bist, um Licht und Schatten zu ergründen... und alles, was dir begegnet, ein

Fingerzeig Gottes ist, um deine Wege in Freude, Schönheit und Bedacht zu gehen. Und dass alles, was du in deiner Inneren Weisheit als „göttliche Zeichen" annimmst und so ehrst, dich emporhebt in den Frieden, die Fülle und die Herrlichkeit des Himmels der Vollendung.

Sei gesegnet dafür. Ich liebe dich.

Raphael

Die Seele „Blaupause des Wahren Ich"

Geliebte Kinder des Lichtes, nun möchte ich euch über eine *göttliche Wahrheit* berichten: Aus ihr entspringt die Seele und euer Höheres Selbst oder Wahres Ich.

Diese „göttliche Wahrheit" ist die allumfassende und bedingungslose Liebe, und sie schwingt allzeit in der Opal-Kristall-Energie der Vollkommenheit und deren universellen Aspekten:

Sie Ist. Alles, was ist. GOTT

Seine Allmacht

Seine Weisheit

Seine Schöpfung

Seine Unendlichkeit

Seine Herrlichkeit

Seine Ganzheit

Seine Ewigkeit

Seine Vollkommenheit.

Seine Multidimensionalität

Seine liebevolle Hingabe an und für Alles-Was-Ist.

Seine urteilsfreie Versöhnung für jeden und alles. Seine universelle Einheit. Quelle allen Lichtes. Ur-Quelle und Essenz allen Seins.

Höheres Selbst und Seele sind aber nicht das Gleiche, obwohl sie „unzertrennlich" miteinander verbunden, eine göttliche Ganzheit darstellen. Deshalb bezeichne ich sie als „Höhere Selbst-Seele".

Geliebte Kinder des Lichtes, das Höhere Selbst, somit die Seele, ist geboren am Anbeginn aller Zeit aus der *Ur-Quelle* Gott-Vater-Mutter-Kosmischer Geist und ihrer göttlichen Wahrheit (=Wirklichkeit), des All-Eins-Seins und seiner Liebe und ist ein opalisierender

Kristall-Strahl, ein *Teil* Gottes und doch *autark*. Bitte versteht, das ist kein Widerspruch, obwohl es so aussieht.

Sie sind gemeinsam allzeit ein Manifest der Liebe.

Aber die Höhere Selbst-Seele ist auch ein *göttliches Hologramm,* bei dem, wie wir euch schon sagten, immer die *gesamte* Information in *jedem* Licht-Teilchen seines Seins schwingt. Und eine weitere wichtige Eigenschaft eines Hologramm ist, dass es sich *immer gleichzeitig* an allen Orten befindet. (Wer sich näher damit beschäftigen will, sollte sich mit Quanten-Mechanik befassen, an die sich u.a. die erleuchtete Seele *Einstein* erinnerte!) So ergibt sich auch der kosmische Aspekt des *fünften* Göttlichen Geschenks der *Multidimensionalität,* von dem euch *Erzengel Michael*[1] berichtete, was bezeugt, dass eure Höheren Selbste viele Leben gleichzeitig kreieren und kreiert haben (was euch jetzt aber bitte nicht verwirren soll … eure Seele weiß es, euer Verstand muss dies nicht wissen und er wird es auch immer leugnen, was an der Tatsache aber nichts ändern wird).

Alles Göttliche… die allumfassende Liebe, ist also immer und überall zur gleichen Zeit präsent. Doch bitte erinnert euch, geliebte Kinder des Lichtes, die Erden-Matrix schwingt in Dualität, deshalb säht und erschafft jeder von euch Licht „und" Schatten… doch niemals sind diese Projektionen ohne die Liebe und das Licht Gottes!

Bitte wisst, geliebte Kinder des Lichtes, die *Seele* ist die *Blaupause* (Kopie) des Höheren Selbsts und begibt sich – auf Gottes Wunsch und eigenem Ermessen – für eine Inkarnation (bleibt dabei aber immer eins mit dem Höheren Selbst) in einen irdischen Körper.

Dabei beachtet sie alle vorherigen Leben und, je nach Stand der bisher erbrachten erleuchteten Bewusstheit, schwingt sie, entsprechend, diese dann in den fünfschichtigen Lichtkörper ein, der den materiellen Körper umhüllt. Sie manifestiert also bereits erleuchtete Bewusstseins-Anteile wieder: je mehr göttliche Wahrheiten wie z.B. Mitgefühl, Toleranz, Freiheit, Schöpferkraft, Frieden, Bedingungslosigkeit usw. durch Erleben, Erken-

---

1 in „Die 5. Dimension und ihre Geschenke", Bd. 2 der Aannathas-Buchreihe im ch. falk-verlag

nen, Annahme und liebevolle Versöhnung also bereits im Licht der göttlichen Wahrhaftigkeit schwingen, um so bewusster wird ein Mensch seine gewählte Inkarnation beginnen können. Diese Informationen sind und bleiben in seinem Zell-Bewusstsein gespeichert… werden immer wieder mitgebracht! Wie eben auch Informationen über Krankheiten, Schwächen und anderweitige Erfahrungen.

Bitte wisse, geliebtes Kind des Lichtes, „abgespaltene" Seelenanteile – weil noch nicht erleuchtet durch Liebe und Licht – können jetzt, in dieser besonders hohen Opal-Schwingung des Goldenen Zeitalters, ganz einfach, durch ein Leben und Sein im göttlichen Licht der allumfassenden Liebe wieder eingegliedert werden. Das vollzieht dann die Seele eigenständig. Ist sie doch allzeit göttlich-genial und weise… So manifestiert die Höhere Selbst-Seele in die geistige Wurzelbasis All-Einheit, in das geistige Herz-Zentrum All-Liebe, in die geistige solare Sonne All-Macht, in das geistige Dritte Auge All-Bewusstsein und die geistige Stern-Basis All-Weisheit.

Hierdurch wird praktisch das Schicksal eines Menschen festgelegt: Er bringt *alle* Erfahrungen, Emotionen, auch Blockaden alter Inkarnationen *energetisch* wieder mit, um sie dann in der nächsten Inkarnation – freien Willens – mehr und mehr zu erleuchten. Je *weniger* ein Mensch in vergangenen Leben seiner göttlichen Herzwahrheit *gefolgt ist* und dadurch *Lichtloses* erschaffen hat, *umso mehr* auflösende und erhellende Spiegel manifestiert er sich in seiner göttlichen Weisheit für das *nächste* Erdenleben. (Er will ja seiner göttlichen Bestimmung gerecht werden und alles Lichtlose in Lichtvolles wandeln = *Sinn des Lebens.*)

Hierbei sind die geistige Wurzelbasis, das geistige Herz-Zentrum, die geistige Sonne, das geistige Auge und die geistige Stern-Basis das *feinstoffliche Pendant* zu materiellem Wurzelzentrum, Herz, Solarplexus, Augen und Zentral-Gehirn. Denn ihr wisst, auf Erden schwingt alles in Dualität: so verfügt auch immer *alles* Materielle über ein geistiges, feinstoffliches Gegenstück.

Ihr alle wisst um eure *Aura:* die Lichtkörper oder Geistkörper (Energiekörper), das Wahre Ich = Höheres Selbst und Seele, den Höheren Geist = universelle All-Weisheit und den Niederen Geist =

irdischer Verstand des Alltags. Wobei *niederer* nicht schlechter oder *weniger* bedeutet, sondern hier nur die unterschiedliche *Stofflichkeit* (Energiezustand) anzeigt. Feinstoffliches ist durch Licht und Weisheit *erleuchtet.*

Grobstoffliches ist noch wenig oder nicht erleuchtet und deshalb dual. Wie ihr wisst, ist die Dualität euer Handwerkszeug auf Erden, um euch zu erinnern. Gerne übermittle ich euch mehr darüber.

Beschließt nun ein göttlicher Funke – Höhere Selbst-Seele –, ein Erdenleben zu manifestieren, so erschafft er sich eine geistige Basis: den „gesamten" Lichtkörper, der aus fünf verschiedenen Geistkörpern besteht:

dem Äther-Geist-Körper: Dieser *durchwirkt* den ganzen materiellen Körper mit dem *feinstofflichen* göttlichen Äther (Licht-Liebe Gottes) – der *kosmischen Ur-Energie* – und reicht etwa drei Zentimeter über ihn hinaus: er *schützt* eure Körper vor der starken kosmischen Strahlung des Universums.

dem Emotional-Geist oder Astral-Geist-Körper: *Er gleicht in Form und Größe dem materiellen Körper,* und hier werden immer wieder alle irdischen Emotionen – *Gefühle* – gespeichert, bis sie entweder gelöst werden oder aber dann an den nächsten Lichtkörper, den Mentalkörper, *weitergegeben* werden (bei Ablegen des irdischen Körpers), der diese dann Leben überlagernd speichert (was dann das Schicksal eines Menschen aufbaut in Licht oder Schatten). Der *Astralkörper* (von lat. astra = Licht) ist der *Seelenstern,* den hellsichtige Medien, manchmal auch *weniger* sichtige Menschen als *Geist* wahrnehmen (sehen: Schatten, hören: Schritte, poltern, riechen, fühlen usw.) oder auch sehr klar sehen können, denn in diesem *feinstofflichen* Lichtkörper bewegen und zeigen sich Seelen… in *allen* Licht-Ebenen, aber eben *auch* auf Erden! *Der Emotionalkörper hält außerdem immer die Verbindung mit dem irdischen Körper aufrecht!*

Die *Astral-Ebenen,* die himmlischen Licht-Ebenen, werden bei euch im Sprachgebrauch fälschlicherweise *meist* nur mit *Dunkelheit* assoziiert, auch die *Astral-Wesen* werden nur als *dunkle* Geister bezeichnet, was *nicht* der göttlichen Wahrheit entspricht. Bitte versteht, geliebte Kinder des Lichtes, die *Astral-Licht-Welten* sind *strahlende Heil-Ebenen,* in denen *wir* Engel wirken. Sicherlich gibt es dort noch *verhüllte Ebenen,* um den noch schlafenden Seelen-Aspekten gerecht zu werden: *intensiv-erleuchtendes Strahlen können sie noch nicht – ohne Schmerzen und Angst-ertragen: denn sie haben sich noch nicht erinnert!* In den noch *verhüllten* himmlischen Licht-Ebenen strahlt das Licht der Gott-Liebe sanft und mäßig, passt sich den noch schlafenden (weil zurückgezogenen) Seelen an. Erzengel Ariel wird im nächsten Buch: *Heilige Erden-Medizin* darüber berichten!

Der Mental-Geist-Körper oder Gedanken-Geist-Körper: Dieser *umschließt* Äther- und Emotionalkörper. Er speichert alle eure *irdischen* wie *geistigen* Projektionen, wie Gefühle, Gedanken, Begebenheiten und Tun eines Menschen, ab: sowohl *irdische Verstandes-Gedanken* wie *geistige Herz-Gedanken.* Der Mentalkörper, vielmehr seine Energie, umschließt dann jede (materielle wie geistige) *Projektion,* die immer durch die auf Erden herrschende Dualität als *Lichtinformation* manifestiert wird, mit einer *Lichtkugel.* Jede dieser Projektionen (Situation, Gedanke, Tat, ja, jegliche Schöpfung) ist göttlich-geniale Energie, verfügt deshalb immer über einen *eigenen autarken Energie-Körper* – darüber berichtete euch schon Erzengel Michael in Buch 2 der Aannathas-Reihe – und *wirkt* energetisch in seiner Lichtkugel und darüber hinaus, denn er ist und schwingt in *Resonanz.* Bitte erinnert euch an das göttliche Gesetz, geliebte Sternenkinder: *Gleiches zieht Gleiches* an.

Und bitte denkt darüber nach. *Resonanz agiert so lange, so lange die Ursachen-Quelle nicht versiegt ist. E*rst wenn sie versiegt ist, ist alles wieder im Gleichklang. Das bedeutet für jeden von euch: Alle eure Projektionen *ziehen immer wieder* irdische Wirklichkeiten an, ja, erschaffen sie unentwegt: Handelt oder erschafft ein Mensch Dunkles, Lichtloses oder Unbewusstes, wird er *unausweichlich* genau dem begegnen. Und denkt er z.B. Angst, Wut, Kummer, Stress, wird er genau nur das *anziehen,* es wird nicht von seiner Seite weichen, bis er Schönes denkt: Freude, Glück, Gelingen, Frieden, Fülle usw., *denn dieses universelle Gesetz der Anziehung ist immer aktiv.* Ich, Erzengel Raphael, bitte euch, das stets zu bedenken… denn keiner von euch ist „Opfer" – höchstens seiner eigenen Schöpfungen und Gedanken!

Der Kausal-Geist-Körper oder Schicksals-Körper: Wie schon das Wort kausal = ursächlich (von lat. causa = Ursache) sagt, beruht dies auf der *göttlichen ewigen Bewegung* durch Ursache und Wirkung und zeigt hier die universelle *Essenz* von Sein und Werden an. *Er speichert die Schicksale eines Menschen bis zur Erlösung oder Auflösung durch bewusst-gelebte bedingungslose Liebe.* Der *Kausalkörper trägt* den göttlichen *Sinn-Impuls* allen Lebens und *versorgt* somit die Seele auf Erden *unentwegt* mit dem Opal-Kristall-Strahl *göttlicher Wahrheit,* damit diese den oftmals wirren oder alles blockierenden Verstandes-Gedanken standhält und der Mensch sein *Schicksal* als eigene *Herausforderung* erkennt, es sodann in Licht und Liebe annimmt, um seiner selbsterwählten Bestimmung gerecht zu werden.

Der Spirituelle-Geist-Körper: Letztendlich umfasst, umschließt und durchwirkt dieser alle anderen *vier geistigen Körper* sowie den *materiellen* Körper. Er reicht hinaus in die universelle *Unendlichkeit,* ist zeit- und raumlos und verwoben mit der göttlichen Ewigkeit – mit der Urquelle, Gott – und empfängt von dort den ewigen Fluss von Licht und Liebe und die Sternen-Weisheit des *All-Eins-Seins:* wie eure Seele oder Höheres Selbst, auch Wahres Ich – wie immer ihr es auch nennen wollt oder nennt.

Diese fünf Geist-Körper bezeichnet ihr als „Aura" und ihr könnt in ihr lesen: alles, was war… ist… auch was sein könnte oder wird (Seelenplan). Denn alles, was eine Seele oder ein Mensch jemals war, dachte, wünschte, fühlte, sagte und tat, ist hier gespeichert und des Weiteren mit der Akasha-Chronik, dem geistigen universellen Speicher, verbunden.

Bei euch auf Erden kursieren auch andere Bezeichnungen für eure Körper – bitte fühlt selbst hinein, welche für euch stimmig sind. Wir danken euch von Herzen dafür… bitte seid ohne Wertung dabei und bedenkt immer… *alle Wege führen zu GOTT.*

Also, geliebte Kinder des Lichtes, nochmal zusammengefasst:

Die Höhere Selbst-Seele ist manifestierte göttliche Wahrheit, doch *gleichzeitig* auch autarker Teil der strahlenden Gott-Einheit, somit ein Opal-Kristall-Strahl und ein *universelles Hologramm.* Sie schwingt zu aller Zeit in göttlicher All-Weisheit, All-Macht, All-Einheit, All-Bewusstsein und All-Liebe und agiert aus der göttlichen Einheit, denn sie ist immer eins mit der Gott-Quelle und lenkt allzeit die Seele.

Die Seele ist die Blaupause (Kopie) des Höheren Selbst und *niemals* von ihm *getrennt* und agiert in einem irdischen Körper, um göttliche Bewusstheit (weiter) zu entfalten. *Sie handelt immer nur in Harmonie und Einssein mit dem Höheren Selbst.* Sie bringt, in ihren Lichtspeichern *manifestiert,* alle positiven wie negativen Erfahrungen, Erbanlagen, Seelenplan, Wünsche und alle Gott-Bewusstseins-Aspekte für die neue Inkarnation mit.

Der materielle Körper ist eine göttliche Manifestation der Liebe. Er ist ein Geschenk von Terra-Gaia, der dualen Erde, die damit Gottes Wunsch folgt. Er ist – zeitweise – das Zuhause der Seele, wenn sie Pfaden der Erkenntnis folgt, um jede nur erdenkliche Form und Art göttlicher Schöpfungen zu manifestieren und dadurch jedwedes – energetisch mögliche – Bewusstsein zur Vollendung zu bringen.

Die fünf Geistkörper – Äther–, Astral–, Mental–, Kausal–, Spiritueller Körper – und der materielle Körper sind dabei die Basis oder zentraler Punkt der Höheren Selbst-Seele auf Erden, die durch die Seele, welche auf Erden inkarniert ist, direkt wirkt.

Weitere Basis-Zentren sind:

Der Höhere Geist ist die manifestierte göttliche All-Weisheit, All-Macht, All-Einheit, All-Bewusstheit und All-Liebe und wirkt in allen Geistkörpern und allen *geistigen wie materiellen* Zellen eines Menschen. Seine fünf *Gott-Wahrheit-Aspekte* integriert er unentwegt in die fünf (folgenden) geistigen wie auch irdischen Basis-Zentralen.

Er wird gespeist vom Höheren Selbst und der Urquelle, Gott und fühlt…

Der Niedere Geist ist das *Verstandes-Bewusstsein*: Er hat seine Basis im Gehirn und ist des Weiteren in allen *Zellen* des materiellen Körpers manifestiert. Er regelt und hilft, alle irdischen (sich wiederholenden) Anforderungen der dichten Materie zu *bewältigen*.
Er arbeitet selbständig und denkt... hat meist keine Verbindung zum Höheren Geist.

Erwacht der Mensch, weil er sich erinnert, wer er wirklich ist, so beginnt er mit dem Höheren Geist (Herz) zu denken und dem Niederen Geist (Verstand) zu fühlen ... er hat seine Meisterschaft erreicht!

Die „geistige" Wurzel-Basis ist Zentrum allen universellen Seins eines Menschen und verbindet mit dem *kristallinen* Herz von Mutter Erde: gibt dadurch Halt und erdet, damit *göttlicher Geist* in lichtvolle Tat *umgesetzt* – materialisiert – werden kann. *Hier sprudelt spiralförmig geistige Erd-Energie* (die Erde in der Dualität = Geist und Materie), die *ursprüngliche* Kraft in *geistiger* Form, und hilft den Menschen, ein Leben in der dichten, deshalb anstrengenden Materie emotional anzunehmen und zu verstehen.
Hier wirkt das göttliche Bewusstsein „All-Einheit".
Die „materielle" Wurzel-Basis birgt in sich das Ur-Bewusstsein: *Irdisches Ich.* Sie übermittelt dem Menschen somit Tatkraft, materielle Sicherheit, Durchsetzungskraft, Dominanz, Stabilität und Lebenswille und wirkt hier in *manifester (irdischer)* Form. Sie gibt die Kraft, das Leben auf Erden zu bewältigen und *sichtbar* umzusetzen. *Hier wirkt die irdische Bewusstheit: „Alle Menschen sind Schwestern und Brüder".*
Das „geistige" Herz-Zentrum oder Herzkörper ist das *göttliche Manifest* aller Gott-Liebe, seiner unendlichen Weisheit, des Mitgefühls, Barmherzigkeit, Toleranz, Versöhnung und aller *göttlichen Wahrhaftigkeit.* Eigene, bedingungslose Annahme (= Selbstliebe) *entfaltet* hier den Raum aller geistigen Entwicklung/Entfaltung. *Es stellt auch die Brücke dar zu allen Schöpfergedanken des Höheren Geistes.*

Das Herz-Zentrum hält außerdem die direkte Verbindung zu allen himmlischen *Licht-Ebenen und -Sphären. Von hier aus agiert der Höhere Geist.*

Hier wirkt das Gottesbewusstsein der All-Liebe.

Das „materielle" Herz-Zentrum, der Herzkörper (Organ), ist die *Zentral-Stelle* im Körper. Sie regelt den *gesamten* Blutkreislauf und versorgt und verbindet somit alle anderen Organe und Zellen. Irdischer Schmerz und Trauer werden hier in den Herzzellen gespeichert. *Hier wirkt die Selbstliebe heilend für alle Zellen.*

Die „geistige" solare Sonne in euch, euer *Solarplexus,* ist euer göttliches Macht-Zentrum und das Zentrum von Absicht und Erkenntnis. Es ist sozusagen eure *Schöpfer-Zentrale.* Von hier aus kann der Mensch agieren, erschaffen in *Verbindung* mit den (lichtvollen oder lichtlosen) *Gedanken.* Von hier aus aktiviert er seine *Selbstheilungskräfte* und ... *wird er bewusst, entfaltet er hier sein wahres göttliches Schöpfertum.* Hier lebt sein inneres *göttliches Kind* und sendet dem Menschen über Gefühle Zeichen, um zu erkennen = Bauchgefühl! *Hier wirkt die allzeit göttlich-weise All-Macht.*

Die „materielle" solare Sonne in euch, eure *Mitte,* beinhaltet alle Verdauungs- und Entgiftungs-Organe. Schluckt der Mensch in seinem Leben Ärger, Wut und Stress hinunter, so beginnt hier ein Unwohl-Sein. Hier formen sich Gefühle, die alsdann in Gedanken manifestiert – über die geistige, solare Sonne – irdische Tat folgen lassen. In genialem Zusammenspiel hilft das Gehirn, über gespeicherte Muster, Absichten umzusetzen. Hier bewirkt Ruhe und Geduld = in die Mitte kommen – immer Heilung. Durch eigenes Handauflegen – beide Hände übereinander, (Reihenfolge ist dabei gleich) kann Entspannung und Beruhigung erreicht werden. *Hier wirkt und lebt irdische Macht.*

Das Dritte '"Geistige" Auge (Mitte der Stirn) birgt in sich das *wahre Fühlen, Sehen und Hören.* Es ist *Schalt-Zentrale* aller Gott-Attribute und immer mit der Urquelle und dem Wahren Ich oder der Höheren Selbst-Seele *direkt* verbunden. Es sendet unentwegt dem Menschen den göttlichen Impuls, Erkenntnis *durch innere Schau* und dadurch wahre Spiritualität zu entfalten. Es kann zu aller Zeit, ist es vom Menschen durch Weisheit, Mitgefühl, Glaube und bedingungslose Liebe *geöffnet* worden, mit Allem-Was-Ist-und-War *Kontakt* aufnehmen: überwindet dabei alle Zeit und jeden Raum. *So sind Hellfühlen, Hellsehen und Hellhören nichts Ungewöhnliches, sondern für die Seele die Norm!* **Hier wirkt göttliches All-Bewusst-Sein.**

Die „materiellen Augen" führen den Menschen an Hand ihrer Wahrnehmung durch das Leben. Hier wird *irdische Realität* gesehen und beobachtet und alsdann – in *Verbindung* mit irdischem Bauchgefühl und Gehirn – gehandelt. Jedoch kann, und das haben eure Wissenschaftler bereits bewiesen, von euch *nur* gesehen werden, was euren Verstandes-Gehirnen schon *bekannt* ist! Dinge, die noch *nie gesehen wurden*, können somit auch *nicht* (oder noch nicht) erkannt werden. So werden immer wieder alte Muster und Strukturen angewendet ... denn *wahres Sehen* braucht *lange,* um sich zu *entfalten. Hier liegt für euch Menschen eine große Aufgabe.* Diese übernimmt dann das *geistige Auge,* wenn ihr dazu bereit seid. Außerdem sieht euer Auge alles etwas *verzögert,* wodurch das, was ihr als Realität erkennt niemals die *wahre Realität* ist! Vertraut also. *So bitten wir Engel euch, mehr eure geistigen Fähigkeiten – hellfühlen, hellsehen, hellhören – anzuwenden ... und übt diese, damit sie deutlicher werden.*
Hier wirkt stets irdische Verstandes-Bewusstheit.

Die „geistige" Stern-Basis, die ihr auch das *Kronen-Zentrum* nennt, ist die *direkte* Anbindung an die Urquelle-Gott-Alles-Was-Ist. Ein *weiß-fliederfarbener* Opal-Kristall-Strahl, gehalten von Gold und Silber, *umhüllt* von dem kosmischen Regenbogen, der die universellen Impulse (= Heil-Aspekte) aller Farbschwingungen in sich birgt, fließt hier unentwegt in die Licht-Körper des Menschen ein, durchwirkt jede – *geistige wie materielle – Zelle* und hält so immer die Verbindung mit dem *Einen-Wahren-Gott-der-Liebe.* Der opalisierende Licht-Impuls der göttlichen *Inspiration* durchflutet sanft und immerwährend. Es ist das *höchste Energie-Zentrum* einer Seele auf Erden und somit des Menschen. *Höchstes* universelles Bewusst-Sein und die göttliche Wahrheit der *Vollendung* - durch *freudvolle* Überwindung der irdischen Materie – fließt hier unentwegt richtungsweisend ein. Hilfs-Impulse des Höheren Selbst werden hier eingespeichert. *Hier ruht das göttliche Ich Bin und agiert von hier aus. Hier wirkt die göttliche All-Weisheit.*

Die „materielle" Stern-Gehirn-Basis beinhaltet eure verschiedenen Gehirn-Areale, die alle irdischen Funktionen des Körpers *steuern*. Alles Gesehene, Gehörte und anderweitig mit euren Sinnen Wahrgenommene wird hier aufgenommen, begutachtet – mit dem Verstand – und dann *verarbeitet* bzw. geordnet. Anschließend werden aus diesem Potenzial an Informationen alle körperlichen Abläufe sowie das irdische Leben gelenkt.

Hier wirkt irdisches Wissen.

Geliebte Kinder des Lichtes, das sind also die Haupt-Basis-Aspekte die eine Höhere Selbst-Seele erschafft, um ein Erdenleben zu praktizieren.

Inkarniert also eine Höhere Selbst-Seele in einen menschlichen Körper und somit in die Dichte der Erde, *passt* sie sich deren Licht-Frequenz oder Dichte (auch Licht-Moleküle, Teilchen oder Quanten genannt) *an*. Da sie göttlich genial ist, geschieht diese Anpassung in Leichtigkeit und Weisheit.

Das bedeutet: Die Höhere Selbst-Seele wird in ihrer göttlichen All-Weisheit nur einen „Teil" von sich selbst auf Erden manifestieren, und das ist die „Seele" bzw. Seelenanteile. Dies richtet sich, wie schon gesagt, nach dem bisher – weil bereits erkannten – zugelassenen Bewusstsein eines Schöpfer-Geist-Wesens, welches ihr Menschen zu aller Zeit seid.

Da die *Seele* oder *Seelenstern* aber immer über eine *holographische Essenz* verfügt, ist sie also trotzdem mit ihrer ganzen göttlichen Genialität, All-Weisheit, All-Macht, All-Einheit, ihrem All-Bewusstsein und ihrer All-Liebe präsent. Sie bleibt, wie ihr wisst, immer mit dem Höheren Selbst *verbunden* und *tauscht* fortwährend mit ihm Informationen aus und wird letztendlich vom Höheren Selbst gelenkt… bzw. lenkt sich selbst aus ihrer Wahrheit des göttlichen All-Eins-Seins. Und jetzt, in dieser besonderen *hohen Licht-Frequenz* auf Erden ist es jedem von euch leichter als je zuvor möglich, *abgespaltene* (weil noch nicht in Liebe gelebte und somit nicht angenommene) Seelenanteile wieder zu *integrieren*... allein durch bedingungslose Liebe. Mein geliebter Bruder im Licht, Erzengel Michael, sprach euch in Buch 2 dieser Reihe davon.

Bitte versteht, die *Höhere Selbst-Seele* (Wahres Ich) ist immer *energetisch* gesehen die *höchste* göttliche, universelle Lichtkraft und ist sozusagen Urquelle-Gott in ihrer *ganzen* kosmischen Präsenz, doch gleichzeitig, in ihrer *Ganzheit* wiederum, zwar ein autarker, sich selbst lenkender Lichtstern (Seelenstern), der auch Schöpfer ist, aber sich allein definiert in der *Vollkommenheit* des All-Eins-Seins.

Ich weiß, dass es für euch nicht so leicht verständlich ist – mit dem Kopf – deshalb bitte fühlt hier mit dem Herzen! Ihr geliebten Seelensterne, seid gesegnet für euer Vertrauen! Wir lieben euch dafür...

Eine weise Seele, ein großer Philosoph im alten Griechenland, „*Aristoteles*" war sein Name, formte es einst genial in diese Worte: *„Das Ganze ist mehr als die Summe seiner Teile".*

Geliebtes Kind des Lichtes, bitte fühle da hinein...
Wenn ihr nun davon sprecht oder es hört, dass eine Seele *traurig* oder geknickt ist, so entspricht deshalb diese Aussage nur *teilweise* der Wahrheit. Da die Seele zu aller Zeit mit der Urquelle aller Liebe und allen Lichtes verbunden ist, *ja, sie es selber ist,* und deshalb immer über alle – oben aufgezählten – göttlichen Attribute verfügt bzw. sie selber das alles IST, so kann sie diese auch anwenden. *Und sie tut es auch... allerdings achtet sie dabei immer, wie ihr wisst, die Vorgaben und Regeln des Verstandes und seiner Gedanken, die durch den freien Willen des Menschen – in dem sie gerade agiert – erbracht und „gewünscht" werden.*

Die Seele selbst ist deshalb „niemals" traurig, denn sie weiß immer, dass hier der Mensch einfach noch Zeit für das „Erinnerungs-Projekt-Erde" braucht, um wieder zu erkennen; und so tritt sie voller Achtsamkeit „zurück", bleibt aber, in tiefem Verständnis und Liebe, an der Seite, um zu trösten und um immer wieder sanft Impulse zu geben. Dabei ist sie unermüdlich und ausdauernd und gibt dem Menschen hingebungsvoll immer sichtbarere Zeichen.

Diese sind *erst* leise und zart, übersieht sie der Mensch, werden sie *deutlicher und heftiger*: Zeichen sind u.a. sich verändernde Situationen, Schwierigkeiten, besondere Menschen (Botschafter – die sowohl lichtlos wie auch lichtvoll) ins Leben treten, Unwohlsein, Trauer, Depression, alle erdenklichen Blockaden, Schmerzen, Stress, Unfälle (wobei die Art und das betreffende Organ oder Körperteil *Hinweise* geben – darüber später mehr) und jedwede *Krankheit*. Diese Zeichen sollen den Menschen *wachrütteln,* damit er sich an den Sinn seines Kommens erinnert! Die Trauer erzeugt also stets der Mensch in seinem *Unbewussten Ich,* das Geduld, Gelassenheit, Vertrauen und Glauben „nicht" auf dem *Plan* hat! Bitte erinnert euch, ihr Lieben, bei diesem Erdenspiel gibt es letztendlich… *doch nur Gewinner.* Das sagten wir euch schon.

Bitte, geliebte Kinder des Lichtes, geht einmal von diesem Beispiel aus: Eine Höhere Selbst-Seele, also ein *Strahl Gottes,* kommt dem göttlichen Wunsch nach und bereitet eine Inkarnation auf Erden vor. Sie inkarniert - wie wir, Aannathas, Michael und ich, euch schon sagten –, um Gott in seiner ganzen Herrlichkeit, Genialität, Schöpfermacht und All-Liebe zu *repräsentieren*… und Bewusstsein in jeder nur *möglichen Form* zu erschaffen. Wir sagten euch dazu, dass jedes Bewusstsein – und sei es noch so traurig in eurem Empfinden – es *wert* ist, gelebt und so erschaffen und manifestiert zu werden.

Nun, dieses Höhere Selbst manifestiert nun in einen irdischen Körper seine „Herz-Kraft… die Seele". Gemeinsam haben Höheres Selbst und Seele (da sie ja immer eins sind) vor Beginn des Erden-Lebens, entsprechend dem göttlichen Wunsch, einen *Göttlichen Plan* oder auch *Seelenplan* entworfen oder aber führen ihn (vielleicht seit vielen Leben) *weiter*. Ihr wisst ja, dass Seelenpläne selten in einem *einzigen* Erdenleben erfüllt werden können. Meist entwickeln und *entfalten* sie sich nur Leben *übergreifend* und werden, bei Loslassen des irdischen Körpers (ihr nennt es Tod) und Rückkehr in die himmlischen Ebenen des Lichtes mit Hilfe der Engel in Achtsamkeit und bedingungsloser Liebe *angesehen,* um dann – *jenes,* was sich noch *nicht* wieder lichtvoll entwickeln konnte – zu *selbstbestimmter Zeit weiterzuführen* – in einer neuen Inkarnation –, um letztendlich ein *erleuchtetes* Bewusstsein in das *Ganze* wieder zu *integrieren*.

Das bedeutet Werden und Sein in göttlicher Wahrhaftigkeit und ist die universelle Essenz von Gott-Allem-Was-Ist.

Die Seele, der Seelenstern, lebt nun also in einem irdischen Körper einer hohen Dichte = grobstoffliche Materie, der, wie ihr wisst, von einigen weniger dichten – feinstofflichen – Lichtkörpern umhüllt, durchwirkt und getragen wird. Ihr nennt den irdischen Körper „materiellen Körper", obwohl auch er aus Licht besteht, nur in einer „stark verdichteten Form", die ihr dann als „fest" empfindet, was er eigentlich nicht ist. Auch er ist göttliches Licht und Strahlen… denn alle Materie, also, alles, was ihr kennt und seht oder nicht seht, ist „immer Licht". Nur in unterschiedlichster Form und Dichte. Bitte erinnert euch: „Alles ist aus demselben Stoff und ist Eins… der Licht-Ur-Materie-Liebe"!

Inkarniert die Seele in den von Mutter Erde, *Terra-Gaia*, zur Verfügung gestellten Körper, so *gibt* sie sich *bewusst* in die *Matrix der Erden-Ordnung* ein – und das ist die *Struktur* der Dualität, die sich als *Licht und Schatten* darstellt. Ihr nennt das die *Verstandes-Welt oder auch Erfahrungswelt*, denn ihr *erfahrt* sie durch eure *Sinne* – die irdischen wie die geistigen – und sie ist ein wichtiger Aspekt in euren Erdenleben, um die Gegebenheiten auf Erden zu *bewältigen*: durch Erschaffen von Licht und Schatten, in denen sich eure *irdischen Wirklichkeiten* dann in der Realität *zeigen*, um euch so die Möglichkeit zu geben… zu *unterscheiden. Zu unterscheiden, was dem eigenen Wohle und dem Wohle des Ganzen dient… und allein dies dann zu erschaffen.*

Bitte versteht, geliebte Kinder des Lichtes, dieses Wiedererkennen oder Sich-*Wiedererinnern* ist der *einzige Sinn* eines Erdenlebens: denn am Anbeginn allen Seins, als die göttlichen Funken sich aufmachten, um als autarke Schöpfer dem *Einen-Wahren-Gott-der-Liebe* zu dienen, *missbrauchten* viele ihre Schöpfermacht; aber *auch* Angst über die *vermeintliche* Trennung stürzten sie in die Dunkelheit. Die *Seelen* dieser angstvollen, *unbewussten* Menschen zogen sich zurück, wie sie es *immer* tun, wenn die Verstandes-Gedanken – das niedere, kleine, unbewusste Ego – *vorrangig* agiert. Dann bleiben sie aber, wie schon erwähnt, *weiterhin* voller Hingabe, Geduld und endloser Liebe an der Seite des Menschen und versuchen ihn durch Zeichen, die – *anfangs* – in sanften und *leisen Tönen* in dessen Leben treten, aufmerksam zu machen, dass sein Leben, vielleicht, durch Hast, Stress, Achtlosigkeit, übermäßiges Begehren, Verantwortungslosigkeit oder anderem unbewussten Handeln nicht mehr in der Harmonie und im Frieden des göttlichen Gleichklangs schwingt.

Bitte versteht den Sinn dieser Zeichen: Sie sollen euch nicht ärgern, sondern dazu anregen, in eurem schnellen, hastigen Alltag innezuhalten… still zu werden… nachzufühlen… und zu erkennen…, so *manches* liebevoll zu ändern! Es ist an euch, eure Seele zu fühlen… zu hören! *Deshalb, schenkt euch Raum und Zeit dazu. Jetzt!*

Und bitte wisst *immer,* die Seele, die Blaupause (Kopie) des Höheren Selbst und somit *Gott selbst,* ist *immer* zugegen, agiert ein Mensch als Schöpfer auf Erden, und schenkt Trost, Mut, Kraft und unendliche Liebe. Und weil der freie Wille für jedes seiner göttlichen Kinder immer von dem *All-Einen-Schöpfer,* Gott-Vater-Mutter-Kosmischer-Geist, *gewünscht* ist, sind die irdischen Kreationen der Menschen *unvorhersehbar,* zuweilen abstrakt, unterschiedlichst lichtvoll oder lichtlos und unendlich – aber in Gottes Augen *alle gleich wertvoll und kostbar* in Licht und Schatten.

„Hinter" die Dinge des Lebens in Weisheit, Geduld und Mitgefühl zu sehen, ist hier die Kunst des wahren Meisters! Bist du einer…?

Deshalb, geliebte Kinder des Lichtes, seid nicht ungehalten, verärgert oder gar erbost und unversöhnlich, könnt ihr gerade jetzt so manches (dunkle) Geschehen auf eurer Erde nicht annehmen oder verstehen. Bitte urteilt nicht, denkt an das universelle Gesetz der Resonanz und daran, dass Gott trotz alledem jedes seiner göttlichen Kinder „bedingungslos" liebt… Wir segnen und lieben euch dafür…

Geliebte Kinder des Lichtes, euer Schicksal *ergibt* sich, wie ich euch schon sagte, aus den *nicht* angenommenen oder nicht *überwundenen* Vorgaben (Aufgaben) – und deren *Resonanz* – eines Seelenplans einer Höheren Selbst-Seele Gottes, den diese in freiem Willen erbringen will.

Somit folgt sie der göttlichen Ordnung, welche durch Schöpfertum und Bewegung den ewigen Fluss allen Seins in Balance hält und so Harmonie und Gleichklang in allem „Weltengefüge" aufrecht erhält und unendlich einschwingt.

Bitte hört, geliebte Kinder des Lichtes: Je *schwerer* sich nun ein Schicksal darstellt, umso weniger konnte ein Mensch – in der Vergangenheit – sein *Niederes Ego* besiegen: strebte meist nur nach Irdischem und wurde von Angst und Mangel geleitet. Geistiges Streben wurde meist *unterdrückt* oder kaum Raum gegeben und der Höhere Geist musste *zurücktreten.* Der Mensch kann und konnte so niemals die *wahre* Erfüllung und Fülle auf Erden finden. Tiefe Trauer, Depression, Krankheit und letztendlich geistige Zerrüttung konnten und können die Folge davon sein.

Doch es gibt noch andere Gründe für ein schweres Schicksal.

Wählt eine schon „erwachte" Seele – auf Gottes Wunsch – den irdischen Weg, um eine besonders schwierige oder gerade erforderliche Aufgabe zu übernehmen, um so diese göttliche Weisung der Menschheit direkt zu übermitteln, *so wird dieser „immer" ein Weg der Erkenntnis und somit des Schmerzes sein.* Weil jede Seele, die in die materielle *Körperlichkeit* inkarniert und somit in die Erden-Matrix *eintritt,* allen Schmerz und Leid ihrer Seelengeschwister auf Erden *mitfühlt* und trägt, da sie doch *unabdingbar eins sind.* Und deshalb trägt sie dann auch das *Kollektiv-Karma* der Erde mit. Wie wir euch schon sagten, ist die Erde ein *Schulungsplanet,* was bedeutet: *Erfahren durch er… leben. Diesen Weg muss – erst einmal – jeder gehen.*

Diese erwachten Seelen wie Jesus, Buddha, viele Heilige und große Heiler und Weise inkarnierten auf Erden, um im Namen des *Einen-Wahren-Gottes-der-Liebe zu wirken,* neue Wege *aufzuzeigen,* große Wandlungen auf Erden *anzustoßen, göttliche Impulse* zu unterstützen und in Heilung zu *bringen.* Und sie gehen immer den *Erden-Weg der Dualität* – der immer wieder eine (niemals schmerzfreie) *Einweihung* ist, kommt sie doch einer Geburt gleich. *Einer Wieder-Geburt des (oft sehr hohen) Geistigen in das Irdische.* Der Schmerz stellt sich ein, weil alle – auf Erden manifestierten – Ängste überwunden werden müssen, was immer *größte* Anstrengungen erfordert. Und inkarniert ein *weises, erleuchtetes Lichtwesen* in die (anstrengende, weil grobstoffliche) Dichte der Erd-Materie, muss es seine hohe Lichtfrequenz (weil feinstofflich) energetisch an die *lichtlosere* Erdschwingung *anpassen,* was, wie gesagt, (körperlich) schmerzhaft ist. Diese *Meisterseele* durchläuft dann wie jeder andere Mensch *Erd-Erfahrungs-Prozesse,* um in die *gleiche* Schwingung mit den Menschen zu kommen. Nur *so* kann sie dann *lichtvoll-weise* und *irdisch-glaubhaft* die göttlichen Impulse und Botschaften in allumfassender Liebe den Menschen überbringen und *zugänglich* machen!

Ihr geliebten Kinder des Lichtes, so bitten wir euch jetzt und in Zukunft: Wann immer euch die Geschehnisse der Welt erschrecken und sich Ängste in euch melden, euch daran zu erinnern, das letzten Endes „alles" ein von "jedem" von euch „selbst gewähltes Spiel"… ist… war… und immer sein wird! So bitten wir euch, sendet von Herzen Licht und Liebe an jene Orte… weil ihr göttlich-weise „versteht"…

Und bitte wisst immer, dass alle himmlischen Mächte und Kräfte dabei an eurer Seite sind… ja immer „in" euch sind! Und dass wir Engel euch immer beschützen, selbst wenn einer „nicht" glauben kann. Und bitte, nehmt in euren Leben nicht alles so ernst: Sollte es einmal nicht so kommen… sich euer Schicksal nicht so zeigen, wie ihr es euch vorgestellt habt, so wisst bitte dies Eine mit aller Macht eures Herzens: nämlich, dass es dann „besser" kommt! Denn eure Seelen sind von engelhafter Reinheit. Sie sind universelle Weisheit. Kosmische Wahrheit. Goldene Strahlen im Universum. Magie des Himmels. Alles erhellendes Licht. Alles heilende Liebe. GOTT-Einheit zugleich. Sie sind unendlich. Sind ewig. Und sie schwingen allzeit im sterndurchwirkten, kosmischen Regenbogen, der sich alles erleuchtend und liebevoll-heilend über alles wölbt, was war, was ist und was sein wird.

So geht mutvoll weiter, ihr göttlichen Kinder, eure heilbringenden Wege… an unserer Hand. Schutz und Beistand in hohem Maße sei euch gewährt. Bitte glaubt.

Wir lieben euch. Ganz gleich, was geschieht. Oder je geschah.

Aannathas, Michael und Raphael

Dein Körper … dein Freund

Er besteht aus etwa *100 Billionen Zellen;* sicherlich schwer vorstellbar für dich… und führt in jedem Bruchteil einer Sekunde *unzählige* geistige wie materielle Funktionen aus. Damit der Körper nicht zu schnell altert, sterben in jeder einzelnen Sekunde etwa 50 Millionen Zellen ab und werden durch ebenso viele neue *ersetzt.* Er ist ein *universelles Kraftwerk* und funktioniert so pünktlich und präzise wie ein Uhrwerk: klug, unergründlich-gründlich; intelligent organisiert; genau; unermüdlich; perfekt; *einfach göttlich-genial!*

Und das Beste an ihm: Deine Gedanken steuern ihn in jeder Sekunde…

Geliebtes Kind des Lichtes, bitte wisse, auf Erden ist dein Körper dein *bester* Freund! Er vollführt nicht nur fortwährend eine unendliche Menge an Aktionen, sondern auch Reaktionen: nämlich auf alles, was durch das Umfeld und deine Gedanken auf ihn einwirkt. Und so *spricht* er auch täglich mit dir – um dir mitzuteilen, *wie* es ihm damit geht. Kannst du ihn hören? Hast du ihn jemals gehört? *Ihn erhört?* Und hast du ihm geantwortet, hast mit ihm gesprochen, wenn er dir wieder einmal wichtige Impulse und Botschaften übermittelt hat?

Denn das wäre Prävention (Vorbeugung) in weisester Form und unerlässlich auf Erden für jeden von euch, möchte er gesund sein… und bleiben!

Wie wir dir schon sagten, ist alles, *was du bist,* hier auf Erden in *zweifacher* Form vorhanden: der materiellen und der geistigen. *Beides ist gleich lebendig und agiert in dir!* Jedes deiner Organe hat ein geistiges Pendant und sie *kommunizieren* unentwegt miteinander. Allerdings *lenken* immer die *„geistigen"* Zwillinge deiner Organe deine *irdisch-sichtbaren* Organe durch elektromagnetische Impulse – *weil alles, was du bist, aus der einzigen Materie „Licht" besteht.* So versuchen

sie gemeinsam, ein harmonisches Gleichgewicht herzustellen und beizubehalten. Und *dein Körper, der eine Ansammlung von göttlicher Weisheit und irdischer Wahrheit ist, ist das größtes Geschenk an dich* – von deiner irdischen Mutter, Terra Gaia. Um dich dafür zu bedanken und dieses *Wunder…volle Präsent* zu achten und zu würdigen, solltest du dich in Zukunft mehr mit deinem *klugen* Körper beschäftigen. *Und er ist weit mehr als eine Anhäufung von Funktionen und Organen!*
Er ist vor allem ein göttliches Instrument, auf dem die Seele ihr Lied von dem „himmlischen" Spiel: Leben auf Erden komponiert!

Und so ist er auch feinsinnig und empfindlich; er fühlt, spürt, er schmerzt und leidet, wird er *nicht* wahrgenommen, weil ein Mensch von Unrast, Ungeduld, übersteigerten Anforderungen seines kleinen Verstandes-Egos *fortgerissen* und überfordert wird. Und dann entstehen Missklänge: *keine* fließende, liebliche Melodie, *sondern* wüster Lärm und Crash. Die Folge: Ausgelaugtheit, Müdigkeit, Leere, Unwohlsein… Krankheit!

Deshalb, geliebtes Kind des Lichtes, beachte und achte ab sofort deine besten Freund… wie ein Kleinod. *Was er immer ist!*

Lebe Selbstliebe durch Selbstachtung!

Vielleicht bist du bereit, eine neue, liebevollere Sichtweise auf ihn einzunehmen: ihn nicht nur als eine *Funktions-Maschine* zu sehen, *sondern* als das lebendige, bewusste himmlische wie irdische *Wunder* zu erkennen, *was er ja unabdingbar IST!*

Er ist ein *Mikro-Kosmos,* geboren aus dem kosmischen *Makro-Kosmos.* Deshalb genauso genial und weise wie alle Schöpfungen der Urquelle Gott. So wie du deine Welt, den Himmel und Kosmos wahrnimmst, genauso stellt dein Körper einen *voll-funktionsfähigen* Kosmos dar; mit seiner ganz eigenen göttlichen Ordnung, der *Körper-Matrix…* nur im Kleinen. Dies beginnt schon in *jeder* deiner Zellen. Sie sind in deinem Körper der *kleinste Kosmos.* Gleich erzähle ich dir etwas mehr darüber. Deshalb sei weise und beachte bitte:

Um das Universal-Heil-Feld „Leben" zu verstehen, genügt es nicht zu „denken"; es verlangt zu fühlen, zu verstehen, dass auch in allem Irdischen, in deiner „Körperlichkeit", die Gott-Ganzheit, Gott-Weis-

heit und Gott-All-Liebe allzeit gegenwärtig ist. *Es erfordert immer ein „ganzheitliches" Wahrnehmen, Empfinden, Schauen, Erkennen, Erleben, Tun. Ganz gleich bei welchen Lebensaktionen: ob Gedanken, Bewegung, Einstellung, Nahrung – überall ist Hingabe, Fürsorge, Achtsamkeit und Geduld erforderlich. Bitte denke darüber nach. Lass dann mehr und mehr solche Energien verantwortungsvoll in deinen Alltag einfließen.*

Bitte, verstehe des Weiteren, geliebtes Kind des Lichtes, soll Gesundheit deines Körpers dein liebster und treuester Begleiter sein und werden auf Erden, so ist es nötig, *ihn*, wann immer du daran denkst, zu ergründen und zu spüren. *Seine Melodien zu unterscheiden;* ob sie sanft und im Gleichklang ruhig dahinfließen oder ob sie laut tosend und tiefe Wirbel erzeugend alles mitreißen. Dem kannst du *vorbeugen*, indem du ihn würdigst; weil du ihm Raum und Zeit zum Ruhen und Loslassen schenkst (Meditation-Kontemplation); *weil du ihn täglich lobst, ihm dankst, ihn liebst.* Weil er immer und jeden Augenblick deines irdischen Seins bereit ist, alle deine Anforderungen zu erfüllen; Trauer, Unmut, Stress und Angst aufzunehmen und diese zu bewältigen, zu lindern und zu neutralisieren versucht; weil er dir so treu und liebevoll dient. *Weil auch er dich über alle Maßen liebt...*

Mache dir deshalb bewusst, dass der winzigste, für dich vielleicht *unwichtigste* Gedankengang bereits dein Körpersystem *immer beeinträchtigt!* Du weißt ja, dass du ein göttliches *Schöpfer-Geist-Wesen* bist und deine Schöpferkraft mittels Gedanken lebst und manifestierst. Und zur Bekräftigung sei gesagt, dass inzwischen auch eure Wissenschaftler bestätigen, dass Gedanken die Körperfunktionen *beeinträchtigen* können: So bringt *gedachte* oder *gefühlte* Angst oder Stress Unruhe, Verkrampfung der Atmung, Erhöhung des Blutdrucks und andere *Beschwerden* je nach Schwachpunkten der betreffenden Person; ein positiver, *freudvoller* Gedanke dagegen Ruhe, ausgeglichene Atmung und Entkrampfung, Absinken und Harmonisierung des Blutdrucks, *Wohlgefühle* im ganzen Körper und vieles mehr!

Gedanken können also die *Körper-Schwingungen* (hier definiert nach TCM = Traditionelle Chinesische Medizin), das weibliche Yin und das männliche Yang, in *Gleichklang* und Harmonie bringen, was einen *gesunden* Energie-Fluss aller Körper-Kräfte und -Säfte zur Folge hat. Oder aber in *Ungleichgewicht*, Unruhe, Verkrampfungen (Durchblutungs-Störungen, z.B. Herzkranz-Gefäße) und Stress halten. Was, wenn es *längere* Zeit anhält, krank macht!

Bitte, geliebtes Kind des Lichtes, erinnere dich: Alles, was lebt, hat Bewusstsein; lebt ein universelles Sein; trägt die Gott-Weisheit, Gott-Ganzheit, Gott-Allmächtigkeit und Gott-All-Liebe in sich und kann deshalb empfinden und lieben…

Geliebtes Kind des Lichtes, Seelenstern, der du bist, liebe also deine „Körperlichkeit", ehre, achte und danke ihr. Weil du sie verstehst. So sei bereit aus vollem Herzen, jetzt ab sofort etwas mehr dafür zu tun. Schenke ihm also in Zukunft vermehrt deine Aufmerksamkeit; so kannst du immer vorbeugen und handelst so klug für dich und dein Leben. Lerne des Weiteren, mit ihm zu sprechen. Gehe dazu in deine Stille. Ich Bin gerne dabei mit dir, wenn du mehr und mehr den Weg eines Meisters auf Erden beschreitest; weil du erkennst, dass dein Körper dein „wichtigster" Verbündeter sein will, wenn es darum geht, bei „vollen" Kräften und Gesundheit zu sein und zu bleiben, um deine „Geistige Wiedergeburt in die Materie" in Leichtigkeit, göttlicher Bewusstheit und erleuchteter Vollkommenheit zu vollziehen!
Ich Bin allzeit bei dir und du fühlst meine Heil-Kraft in deinem Körper – wann immer du willst.
In tiefer Liebe.

Raphael

Erwerb und Verlauf einer Krankheit im geistigen Sinne

Bitte beachtet, geliebte Kinder des Lichtes, beim geistigen Heilen wird *immer* mit dem *bewussten Geist* an Heilung gearbeitet, deshalb kann grundsätzlich *jeder* sein eigener Heiler sein und werden. Und ist es auch immer *nur!* Denn jede Seele, jeder Mensch ist – vor allem – *Geist!* (Auch wenn er dieses Wissen nicht zulässt.)

Beginn einer Krankheit
So will ich am Anfang beginnen – denn alles hat nun mal einen Anfang. Aannathas und Michael sprachen schon in Buch 1+2 darüber: Einst entsprangen, *gleichwertig* in ihrer kosmischen Licht-Energie, strahlende Seelensterne aus der heiligen Mitte Gottes und seiner unendlichen Liebe, und der *göttliche Geist* der Wahrheit *durchwirkte* sie – mit aller universellen Weisheit, welche sie auf ihren Reisen durch die kosmischen Welten brauchen würden. So, in Weisheit gehüllt, von göttlicher Liebe durchwirkt und getragen und geschützt von den Helfern Gottes, den *Engeln,* traten die Seelensterne ihre Welten-Wege an, um *Gott-Bewusstsein* zu erschaffen, zu manifestieren und zu erneuern: *zum Wohle aller und allem.*

Diese Reisen führten sie durch *alle* Dimensionen und *Welten-Gefüge.* Auch auf die Erde. *Sie* verfügte über die Besonderheit der *hohen Dichte,* welche den Seelensternen dadurch zwar *höchste* Erkenntnisse ermöglichte, aber gleichzeitig auch, durch diese hohe manifeste Materie, viel *verhüllte…* und so *vergaßen* viele von euch, *wer* sie wirklich sind und *warum* sie inkarnierten. Auf Erden *funktionierte* die Schöpferkraft der Gedanken sehr *real:* und so nahm die sichtbare Realität bei den Menschen – nach und nach – *höchsten* Stellenwert ein. Es sollte darüber hinaus den Menschen den Schmerz und die Angst über die *vermeintliche* Trennung von Gott-Vater-Mutter-Kosmischem-Geist *lindern. Was natürlich immer nur kurz gelang… und gelingt.* Denn das Sehnen des Herzens nach der – einzigen – Wahrheit, dem Einssein mit Gott, wird niemals vergehen, denn es ist die *Ur-Essenz aller Seelen,* und so streben diese *nie* nach *mehr… nach etwas anderem.*

Doch lässt sich diese Sehnsucht nach der göttlichen Wahrheit verdrängen, denn sie fordert vor allem bewusste Eigenverantwortlichkeit, liebevolle Achtsamkeit und lichtvolles Schöpfertum. Dies ließ und lässt sich allerdings nicht immer mit all euren Begehrlichkeiten ohne Anstrengungen *vereinen.* Angst, Unlust, Bequemlichkeit, Ohnmacht und Opferdasein, sowie Verantwortungslosigkeit führten so die Menschen ins Dunkel, welches die Seele *zwingt,* zurückzutreten: da sie den freien Willen *respektiert!* So kann… und konnte die Seele ihr mächtiges, heilbringendes Strahlen nicht mehr *vollends* in einem Menschen *manifestieren.*

Diese Licht- und Liebesarmut, die dadurch entstand, ja, noch immer entsteht, sowie das Fehlen von Selbstliebe, wobei „wahre Bedürfnisse" der Seele und des Körpers in allen möglichen Lebenslagen missachtet werden oder wurden, bedingt stets, weil lichtvolle Handlung fehlt – den Beginn – erst eines länger anhaltenden Unwohl-Seins, Trauer, unbewusstem Groll und dann meist Krankheit!

Bitte erinnert euch, geliebte Kinder des Lichtes, ihr seid doch immer *Licht und Liebe* göttliche Strahlen, allzeit verbunden mit der *Gott-Sonne* aller Himmel und Welten; und unterbindet ihr euer Strahlen durch Vergessen des *Wer-Ihr-Seid, Was-Ihr-Seid und Was-Ihr-Braucht,* so unterbindet ihr euren Energie-Fluss. Aber ohne einen *harmonischen* Energie-Fluss sind eure Körperfunktionen *gestört…* und die vielfältigen Folgen (Unwohlsein, Krankheit usw.) kennt ihr alle.

Verlauf einer Krankheit:

Geliebte Kinder des Lichtes, sicherlich ist es euch schon aufgefallen, dass nicht jeder von gleichen Umständen oder Begebenheiten in seinem Leben gleiche *Einwirkungen (Veränderungen)* auf seine Körperfunktionen verspürt und erfährt. *Dies hat vielerlei Gründe. Der wichtigste,* ausschlaggebende dabei ist *der erste Gedankengang.* Gerne gebe ich euch ein Beispiel: Wie denkt ein Mensch über das Rauchen (oder andere Fakten)? Auf den Zigarettenpackungen sind ja nun seit einiger Zeit – *mehr oder weniger* – gute Ratschläge vermerkt: z.B. „Rauchen gefährdet Ihre Gesundheit". Und auch noch Heftigeres...! *Was hat das für den Einzelnen für eine Bedeutung?* Nun, auf einen *gefestigten* Menschen, der sich selbstbewusst *lenkt* und eine eigene Meinung hat, wird es sich sehr wahrscheinlich *nicht negativ-bedrängend* aus- bzw. einwirken. Denkt er z.B.: Rauchen vertrage ich wunderbar und es tut mir gut, weil es mich dann beruhigt, und ist er *überzeugt* davon, *wird es genau so für ihn sein!*

Ein *labiler* und *nicht* von sich selbst überzeugter Mensch, der *selten* eine *eigene* Meinung hat oder vertritt und der raucht, bei dem wird sich eine Negativ-Information in den Gedanken *festsetzen* und *wirken...* so wie sie *vorgegeben* wird. Die dritte Möglichkeit wäre dann u.U. die *wirklich hilfreiche,* nämlich der kluge Gedankenanstoß: weniger zu rauchen, wäre besser, weil dies eben gesünder sein könnte?! Hier ist also erkennbar, wie schnell *fremde* Gedankenmuster angenommen werden können. Meist auch werden! Wie *vielschichtig* – im positiven oder negativen Sinne – ein Mensch daraufhin handeln kann. Und wie *bewusst oder un-bewusst* Schöpfertum gelebt wird. Bitte erinnere dich immer wieder daran: Was oder wie du denkst, wird so für dich sein! *Letztendlich ist und war es immer so.* In jeder eurer Inkarnationen.

Und so wurden auch, *von jedem von euch,* durch äußere Einflüsse in freiem Willen Gedankenmuster, Gedankenstrukturen, Körperverträglich- oder Unverträglichkeiten und Glaubenssysteme *erschaffen. Einst und auch noch heute. Täglich!* Sie *entstanden* und entstehen durch Erfahrungen und wurden und werden durch diese auch geformt; alsdann in euren Lichtkörpern (Aura), in eurem *geistigen Zell-Bewusstsein* gespeichert: bitte beachtet, jede Zelle ist immer ein *selbständiger* Organismus/Kosmos mit eigenem Bewusstsein und eigenem, in sich geschlossenen System, das sich selber bestimmt, aber trotzdem immer mit allen anderen Zellen eine *Synergie* eingeht. Und so werden alle einst erfahrenen Muster, Strukturen und Glaubensmuster immer wieder in *gleicher Form* und Bewusstheit mitgebracht in jede folgende Inkarnation: außer sie wurden durch lichtvolle Erkenntnis *positiv-erleuchtet, und so verändert und bewusst aufgelöst!*

Wie ich euch schon bei dem Beispiel Rauchen andeutete, wird nicht jeder – in gleicher Weise – beeinträchtigt oder gleich krank; etwa bei einer Epidemie steckt sich auch *nicht jeder* an. Bei bestimmtem Verhalten wird *nicht* jeweils das entsprechende Organ krank (darüber berichten gleich die *KörperEngel* mehr). Bitte beachtet also, *nicht* jeder Mensch reagiert auf bestimmte Einflüsse gleich. Ausschlaggebend sind hierbei *immer* die *gespeicherten* Gedankenmuster und *Glaubenssätze*. Und so bestimmen diese auch – den eventuellen – Krankheitsverlauf und die Heftigkeit.

Da, wie ihr wisst, alle eure Lebens-Erfahrungen – wohlgemerkt „aller" Inkarnationen – immer im „Zellbewusstsein" gespeichert sind, bis sie bewusst aufgelöst werden, „konditionieren" diese euch auch immer. Bitte beachtet, dass jede Zelle ein eigenes, göttlich-geniales Universum bildet und sich erinnert und erinnern kann! Somit bestimmt ihr „selbst" über jeden Krankheitsverlauf, und ob dieser überhaupt einst stattfand oder stattfindet! So könnt ihr nun auch verstehen, warum Babys bereits „krank" auf die Welt kommen, obwohl die Mutter gesund ist. Vielleicht ist dieser Mensch (das Baby) im letzten Leben an einer schweren Krankheit, in Kummer und Groll darüber, in Unbewusstheit durch das Nicht-Zulassen seiner göttlichen Wahrheit gestorben.

Dies wurde sodann in den Lichtkörpern und eurem Zellgedächtnis manifestiert und bei Geburt wieder „mitgebracht" und wird so lange gelebt bzw. „bestimmt" so lange die Gesundheit/Krankheit eines Körpers (Menschen) auf Erden, bis eben neue Gedankenmuster und Glaubenssätze – durch Erfahren des Schmerzes und dadurch Erwachen in die eigene Schöpferkräfte – gebildet und dann „so" wieder gespeichert werden. Und, wie gesagt, das bestimmt jeder von euch „selber". So spielt also das Karma beim Krankheitsverlauf eine entscheidende Rolle, aber auch die jeweilige Haltung gegenüber sich selbst ... und auch von anderen Beteiligten (wie vielleicht Eltern zwecks Vererbung usw.). Denn Karma bedeutet ja immer nur Handlung: Erschaffen eines bestimmten Glaubenssatzes über eine bestimmte Sache.

Heilung einer Krankheit

Geliebte Kinder des Lichtes, so werden also von euch gewisse Konditionierungen, Schwächen, Ängste und Verträglich- oder Unverträglichkeiten oder auch manchmal *Deformierungen/Einschränkungen* des Körpers im *Zellgedächtnis* wieder mitgebracht und *bestimmen* oder *bereiten* das weitere, nächste Leben. Basis dafür sind also *immer* eure alten Glaubensmuster/Strukturen. (Mehr darüber berichteten euch Erzengel Aannathas in Buch 1 und Erzengel Michael in Buch 2.) Und dies geschieht dann auch immer Leben übergreifend. Bis dies durch – von euch – *erleuchtete* Gedankenmuster aufgelöst werden kann.

Bitte beachtet deshalb, geliebte Kinder des Lichtes, *allein der Geist...* euer Geist, der eure Gedanken hütet und bewahrt... *formt euren Körper* und bestimmt den Verlauf oder die Heilung einer Krankheit, *und zwar immer und ausschließlich!*

Ganz gleich, welche Medikamente oder Heilanwendungen verabreicht werden! Immer seid ihr der „einzige" erschaffende, bestimmende Schöpfer, welcher die Heilkraft derer zulässt oder einschränkt!

Doch kann manches Mal eine Krankheit oder Anfälligkeit erst über mehrere Leben geheilt und somit die *Erinnerung* in der Zelle gelöscht werden ist diese durch tiefe Ohnmacht, Machtlosigkeit, Wut, Groll, Verantwortungslosigkeit oder Uneinsichtigkeit verursacht worden. Der Tod ist also auch – *mitunter* – von einer Seele mit einkalkuliert, *was für sie niemals wahren Schmerz bedeutet,* sondern immer ein *freudiges Weitergehen ins Licht*: sie weiß ja, dass sie ewig ist!

Spontan-Heilungen, die euch wie ein *Wunder* vorkommen, weil sie von Ärzten als aufgegeben – *unheilbar* – eingestuft und somit *nicht* möglich scheinen, werden immer auf der *geistigen Ebene* realisiert und erschaffen. Allerdings sind sie immer *karmischer* Natur! So sind sie *vorgesehen*, um anderen Menschen Mut zu machen (und werden von dieser Seele bewusst auf Erden so gelebt), oder aber ein Mensch erinnert sich *plötzlich* doch noch seiner Schöpferkräfte, was ebenfalls bereits auf geistiger Ebene *vorbereitet* wurde! *Ich bitte euch deshalb, glaubt immer, dass jede Krankheit heilbar ist!*

Leidet ein Mensch also an einer ernsthaften – oder aber nur an einer Erkältung oder weniger schweren – Krankheit, so ist natürlich vor allem Ruhe und Geduld, In-sich-gehen in *Stille*, sich und das Umfeld durch die *15 Punkte der Selbstliebe* ergründen, (die ich euch anschließend erläutere), – die sodann Körper, Geist und Seele in *Einklang* bringen – von größter Wichtigkeit. Gelassenheit, Lebensfreude und Spaß gehören ebenfalls unbedingt dazu, um Harmonie und so wieder einen gesunden Lebensfluss zu erreichen. Vor allem aber ist eine positive, mutvolle Haltung zu *allem unerlässlich.*

Versöhnen und Verzeihen... sich selbst und anderen aber ist hierbei allerdings die größte und *wichtigste* Konditionierung, die ihr geistig vornehmen solltet – denn Schuldgefühle und Schuldzuweisungen sind absolut *lichtloseste* Manifestationen, die eure Körper auszehren und die Zellen regelrecht lahmlegen, sodass sie langsam zugrundegehen. Ein Versöhnen dagegen bewirkt *Wunder* in euren Körper-Systemen – denn der machtvolle *Lichtstrom* bedingungsloser Liebe durchwirkt jede Zelle: sie erinnert sich und beginnt wieder zu *strahlen.* Dies aktiviert sofort *alle* Zellfunktionen und gesunder Lebensfluss beginnt wieder. *Heilung entfaltet sich...!* Darüber berichte ich euch etwas später in diesem Buch.

Geliebte Kinder des Lichtes, die geistige (eigene oder anderer) Arbeit ist und war also immer ausschlaggebend für jegliche Heilung: Der „unbedingte, unerschütterliche Glaube", vertrauensvolle „Hingabe" an die eigene Höhere Selbst-Seele und eine starke, bewusste geistige „Rückverbindung" aktivieren dann die eigenen Selbstheilungskräfte in euch; bitte beachtet: ohne diese ist keine Heilung möglich! Des Weiteren kommen dann die irdischen Möglichkeiten/Anwendungen/Medikamente dazu und unterstützen den Heilungsprozess sehr. Erzengel Ariel wird euch im nächsten Buch der Aannathas-Erzengel-Reihe vieles darüber berichten.

Beide Aktivitäten – geistige wie irdische – sollten immer erst von euch ausgehen. Ein *selbst Hineinfühlen*, Begutachten mit der Weisheit des Herzens in Informationen, Weisungen und Anwendungen von

Ärzten und Heilern solltet ihr ebenfalls immer *anstreben,* denn jeder von euch trägt seine ganz eigene Weisheit von (seiner) Heilung in sich. *Sollte ein Mensch dazu nicht mehr in der Lage sein, übernimmt das die Seele – allerdings immer im Rahmen des mitgebrachten Karmas!*

Das ist göttliche Wahrheit und Wahrhaftigkeit. Denn ihr seid mächtige, autarke. göttliche Schöpfer … in jedem Augenblick eures Seins. *Bitte erinnert euch, dass ihr mit jedem eurer Gedanken ein positives, lichtvolles oder dunkles, lichtloses Universum erschafft, in dem ihr euch dann befindet und… lebt. Bitte seid und werdet euch darüber klar!* Werdet euch liebevoll klar darüber, dass ihr immer, in *jedem* Augenblick, durch eure *angstvollen oder unbewussten* Gedanken euren Körper und seine Organe beeinflusst, ja, beeinflusst habt, die ja jedes für sich ein eigenes Gehirn, ja, eigenes autarkes GeistWesen ist, euch in tiefer Liebe und Achtsamkeit dienstbar, solange ihr lebt auf Erden. Mit euch eine *göttliche Einheit* bildet… zu eurem und dem Wohle von Allem-Was-Ist…

Bitte, *geliebte Kinder des Lichtes, geht bewusst „Wege der Liebe" für euch! Und erinnert euch zu jeder Zeit, wer ihr seid und warum ihr hier seid. Vor allem seid ihr „spirituelle Geist-Wesen". Gottgeboren. Allmächtig. Ewig. Und ihr habt die irdische Körperlichkeit gewählt, um euch in einer „neuen Ganzheit" zu erfahren …*
Ich Bin dabei an eurer Seite.

Raphael

Die 12 DNS-Stränge

Geliebte Kinder des Lichtes, eure DNS-Stränge oder DNA (englisch) sind *göttliche Impuls-Träger* und sowohl *materiell-grobstofflich* wie auch *geistig-feinstofflich* vorhanden. Sie befinden sich in jeder eurer Zellen. Ein Teil von ihnen *im Zellkern*, der Rest im *übrigen* Zell-Raum.

Die DNS ist Träger eurer Erb-Informationen, die ihr Gene nennt. In ihrem geistigen Potenzial birgt sie aber immer auch die Weisheit der göttlichen Ur-Matrix in sich.

Eure Wissenschaftler sprechen dabei immer nur von der Doppel-*Helix (altgriechisch: Spirale).* Denn sie gehen davon aus, dass lediglich 2 DNS-Stränge *vorhanden* bzw. aktiv sind: wobei sie *verstandesmäßig* gar nicht so falsch liegen, da die Mehrheit der Menschheit lange, sehr lange Welten-Zeiten nur 2 ihrer 13 DNS-Stränge – bisher waren euch auch nur 12 bekannt – eröffnet und *genutzt* hat.

Also, 2 eurer 12 DNS-Stränge sind seit Anbeginn der Zeit in euch vollends aktiv. Die weiteren 10 sind bereits *feinstofflich* angelegt und zum Teil aktiviert. Aber noch nicht sichtbar? *Hier kann ich euch sagen, dass bereits neue Kinder auf Erden geboren wurden und weiter inkarnieren werden, die bereits 3 DNS-Stränge, später auch mehr, sichtbar und aktiv mitbringen und mitbringen werden!*

DNS-Stränge sind als *Chromosomen (Farb-Körperchen)* zum *größten* Teil im *Zell-Kern* organisiert, der *kleinere* Teil von ihnen *in* der Zelle selbst (beim Menschen-Tier-Pflanze).

Da aber, wie ihr wisst, jedwede göttliche Schöpfung immer über ein geistiges Pendant verfügt, so ist jeder DNS-Strang sowohl materiell wie auch feinstofflich vorhanden!

So sind die grobstofflichen DNS-Stränge als kettenartige Stränge aufgebaut, die feinstofflichen DNS-Stränge dagegen als Licht-Spiralen.

In ihnen sind alle *irdischen Erb-Informationen* über Aufbau und Beschaffenheit der Körper des jeweiligen Individuums angelegt: wie u.a. die Hautfarbe, Haarbeschaffenheit, Augenfarbe, Körperbau, auch Körper-Schwächen oder Anfälligkeit und auch Behinderungen!

Im *geistigen* Bewusstseinsfeld der DNS-Stränge *schwingen kosmische Gott-Weisheit,* karmisch-bedingtes Bewusstsein *eurer vergangenen Leben* und Existenzen; Erinnerungen über evolutionäre Abläufe; Sternenwissen über die Herkunft allen Lebens; Wissen über die göttlichen Prinzipien und Ordnungen; Wissen über die Göttliche Matrix (= universelles Bewusstseins-Feld, auch HyperRaum genannt) und die *Matrix* eures Heimatplaneten Erde.

Das jedoch, geliebte Sternenkinder, ist *Höheres-Geist-Wissen* und wird weder von euren Wissenschaftlern angenommen noch bestätigt! Sie bezeichneten vielmehr die *scheinbar leeren* Zwischenräume der DNS-Stänge und des Zell-Raumes als *Junk-Helix* – und nehmen somit an, sie hätten keinerlei Funktion. *Ihr aber wisst, denn es ist in euren Herzen geschrieben: Im Nichts ist alles und Alles ist GOTT…*

Die Aufgaben der grobstofflichen DNS-Stränge sind, *entsprechend der in ihnen manifestierten* Gene, *dem Erbgut*, das Lenken, Umsetzen, Kontrollieren und Überwachen von allen lebenserhaltenden Funktionen, wie Aufbau, Erhaltung, Versorgung und Entsorgung der Zelle.

Die feinstofflichen DNS-Stränge dagegen halten die Verbindung zum HyperRaum, der *göttlichen Matrix,* sowie zur Erd-Matrix, dem *morphogenetischen Feld, welches in* der Erd-Biosphäre wirkt. Das geschieht *mittels kristalliner Antennen,* über die sie unentwegt alle universellen *Gott-Impulse* der *Multidimensionalität* empfangen und senden: damit letztendlich nicht nur ein intelligentes Überleben in der Materie gesichert ist, sondern dass sich vor allem *Schöpferkraft* und *Schicksal* eines Menschen *entfalten* kann.

Eure DNS-Stränge sind also sozusagen Inkarnations-Manifestationen, die ihr als bewusste *Schöpfer-Geist-Wesen* zu Beginn eurer gewünschten Körperlichkeit *gewählt* und in eure Licht-Körper, somit dann in den materiellen Körper, integriert habt – um alle spirituellen Abläufe in der dichten Materie der Erde stufenweise zu erbringen und zu *bewältigen*.

Da alle göttlichen Schöpfungen genial und autark sind und wirken, so *kommuniziert* jeder DNS-Strang immer mit *allem:* mit dem Körper, den Organen, der Umwelt und dem göttlichen HyperRaum.

So hören und reagieren sie auch auf alle Gedanken, Gefühle, Worte und Taten. Sie nehmen also immer alles wahr.

Deshalb ist es für euch ja auch möglich, mit euren Organen, ja, dem gesamten Köper zu sprechen: *was dann auch Reaktionen auslöst.* Und ihr solltet es auch immer geduldig und liebevoll tun, um euch selbst heilend zu unterstützen.

Um nun die folgenden 12 DNS-Stränge vermehrt zu aktivieren, ist es nötig:

➢ in bewusste Eigenverantwortung zu treten für Alles-Was-Ist
➢ Göttliche Ich-Bin-Präsenz in jeder Situation zu entfalten
➢ durch Bedacht, Disziplin, Achtsamkeit wahre Schöpferkraft bei allem Tun zu zeigen und allumfassende, bedingungslose Liebe als einzige Lebensphilosophie zu praktizieren.

Und bitte, wisst immer, dass jede Seele einen *einzigen Auftrag* mit auf die Erde bringt: *nämlich Liebe zu leben.* Liebe zu schenken, aber auch Liebe zu empfangen. Deshalb beginnt mit der Liebe immer erst bei euch *selbst.*

Denn allein Selbstliebe wird euch werden lassen, was ihr sein könnt: Gott-All-Liebe. Und das ist eure Bestimmung!

Geliebte Kinder des Lichtes, folgende Manifestationen habt ihr für euch bestimmt:

1. DNS-Strang: Lebenswille und Lebensmut. Erste Bewusst-werdung eines inkarnierten Geist-Wesens über irdisches Leben und Körperlichkeit. Bejahung physischer Existenz und Realität, Erkennen der Erden-Matrix (Ordnungs- und Bewusstseins-Feld). *Überleben* ist Haupt-Thema. *Das göttliche Samenkorn wurzelt.* Ich-Bewusstsein er-wacht *langsam*. „Ich will, Ich kann", ist einzige Prämisse.

Unbewusste Angst beherrscht noch…

2. DNS-Strang: Wissen: Nach Wissen wird gerungen. Erstes – noch geringes – Zulassen von Gefühlen, allerdings noch *vorwiegend* aus dem Ich, da die Verbindung zum Herzen teilweise noch *brach*liegt. *Zentrieren* von allgemeinen Informationen und Gegebenheiten durch den Verstand. Langsames Erkennen eines Du. Starkes Streben nach – *scheinbarer* – Sicherheit durch Besitz, Geld, Macht ist vorrangig.

Höherer Geist schläft meist noch. Kontrolle übernimmt.

3. DNS-Strang: Kreativität erwacht zunehmend. Leben wird nicht nur als *Überleben* betrachtet, sondern als *Möglichkeit* von Selbst-verwirklichung. Freude, Glück wird durch kreatives, künstlerisches Schaffen empfunden. Umfeld wird bewusst wahrgenommen und ak-tiv gestaltet. Gemeinschaft wird gesucht, geachtet, unterstützt, weil als hilfreich erkannt. Leben kommt in guten Fluss.

Geistige Helfer und die liebreichen Engel werden mehr und mehr zugelassen und so wahrgenommen.

4. DNS-Strang: Absicht und Manifestation ist der nächste Schritt, um ein *selbstbestimmtes* Leben zu kreieren. Umfeld wird erst-mals *verantwortungsvoll* wahrgenommen. Das Herz *beginnt* sich liebe-voll zu öffnen. Das Erdenleben als eine *universelle* Möglichkeit des Erwachens in das andere *Ich* leise erfühlt. Verbundenheitsgefühle. Größere Achtung wird allem *Lebendigen* auf Erden entgegengebracht.

Bewusstere, umfassendere Fürsorge beginnt vage…

5. DNS-Strang: Das Ich erwacht vollends: Durch *Erfahrung* des *Wahren Ichs (Seele) mittels* der Erden-Spiegel (Mitmenschen, Umstän-de und Situationen im Leben) und *erster* Wahrnehmung der eigenen bewussten *Schöpferkräfte* kann es jetzt gelingen, *Meisterwege* auf Erden zu *beginnen*. Gedanken werden zunehmend diszipliniert und bewusster gelenkt. Geistiger und irdischer Raum, um zu erkennen, wird dem irdischen Ich *zunehmend* gegeben.

Kontrolle wird allmählich an inneres Vertrauen abgegeben.

6. DNS-Strang: Sexualität und Kundalini-Kraft. Die große Kraft, die Leben *schenkt,* wird als göttliches Geschenk *erkannt;* Rückverbindung zur Ur-Matrix dadurch *entschleiert;* ein starkes *universelles Feuer* im Inneren *entzündet;* eine neue Klarheit über irdisches Leben und göttliches Sein entsteht. Eine neue *Erden-Bewusstheit steigt im Innen, im Bauchgefühl auf,* wird erhört und praktisch umgesetzt. Natur als Gott-Wunder erkannt und geehrt. (Schamanismus) Eine bedeutende geistige Bewusstseins-Erweiterung findet statt.

7. DNS-Strang: Wohlsein und Freude durch Gleichklang: *Selbstwert* und *Selbst-Ermächtigung* wird wichtiger denn je. Seelenstärke und Seelentiefe werden durch *Überwindung* alter Angst-Muster entfaltet. Karma wird verstanden, Leben als *Chance* erkannt und will folglich *siegreich* gestaltet werden. Gleichzeitig verhilft stetiges *wohlwollendes* Arbeiten an der Körperlichkeit wie auch dem Geistigen zu Gesundheit und harmonischem *Ausgleich.*

Spaß, Spiel, Freude werden als heilend empfunden.

8. DNS-Strang: Ganzheit erkennen: Die göttliche *All-Liebe,* die sich in einem achtvollen Erleben und ebensolchem *Geben* für *das Ich – Du* und *Wir* darstellt, wird als *Lebens-Sinn* erkannt und umgesetzt. Mitgefühl, Toleranz, lichtvolle, liebevolle Kommunikation mit Allem-Was-Ist wird *erste* Pflicht. Die Gott-Ganzheit, das *All-Eins-Sein* wird als *einzige* Wahrheit verstanden; Körper-Geist-Seele als universelle Einheit und *göttliches Instrument* geehrt. Geistiges Bewusstsein wird stetig erweitert, *Leben als himmlisches Spiel verstanden! Geistige Fähigkeiten klären sich…*

9. DNS: Herz-Weisheit zulassen: Vision und Öffnung. Das *Niedere Ego,* der Verstand, wird endlich als *nur* irdisches Handwerkszeug erkannt. Das *Höhere Ego* rückt in den Vordergrund und, verbunden mit dem niederen Ego, dann *einzig* licht- und liebevoll genutzt; dadurch Glaube und Vertrauen gestärkt. Folge: *Öffnung* zum universellen Wissen; *Lebens-Vision* zeigt sich in Wahrheit und Klarheit, Ahnung wird bestätigt: *Ich Bin ein geistiges Licht-Wesen auf Erden! Ich Bin immer geführt. Bin niemals alleine. Ich bin immer hellsehend und hellhörend. Alle Kontakte zur Geistigen Welt sind und werden normal…*

10. DNS-Strang: Liebe: allumfassend und bedingungslos. Allmählich werden alle Gedanken, Gefühle und Taten allein aus der Herz-Energie *getätigt. Ab sofort denkt das Herz und der Verstand fühlt!* Alle *mitgebrachten* universellen, *galaktischen* Fähigkeiten entfalten sich nun zusehends von selbst. Hellfühlen – hellsehen – hellhören werden zur Normalität; damit zusammenhängende Ängste und Unsicherheiten können *losgelassen,* die Gott-All-Liebe als *schützendes Kraftfeld* erkannt und vertrauensvoll zugelassen und genutzt werden. Alle Kanäle zur Geistigen Welt *öffnen* sich.

Der alte Meister erwacht…

11. DNS-Strang: Schöpfermächte in ihrer Komplexität erkennen: *Inkarnationen* werden als *spirituelle Prüfsteine* ermessen und als solche bewusst *gemeistert:* durch liebevolles Annehmen und Versöhnen allen Karmas. Durch *innere* Ruhe und Gelassenheit werden jetzt die *besten* Ergebnisse in allen *Lebenslagen* erreicht. Wahre, echte Verantwortung für Alles-Was-Ist wird *übernommen;* Macht weise sondiert. Ohnmacht durch *präzises* Lenken eigener Schöpferkräfte *überwunden;* Absicht, Beständigkeit und Tatkraft gestärkt. Kraft des Geistes kann eine Erhöhung allen Seins erreicht werden:

Himmel und Erde werden im Bewusstsein eins und… einzig göttlich.

12. DNS-Strang: Spirituelle Macht auf Erden: Diese *höchste Macht,* die ein Mensch auf Erden leben kann – und zwar *allein* beginnend durch seine Gedanken – wird als *einzige* Wahrheit in Klarheit und Reinheit erwachter Liebe *zugelassen:* Alles-Was-Ist wie auch das eigene Ich sind *göttlich-genial, eins* und aus der gleichen Urquelle, Gott entsprungen: *der Liebe. Durch praktizierte Universal-Liebe beginnt sich dem Menschen spirituelle Macht zu eröffnen, Erleuchtung von selbst zu entfalten.* Die 12 als *kosmisches* Ordnungs-Prinzip – Alles-IST-Zahl – ordnet Raum und Zeit und bereitet wahre Transformation durch die 13 vor. Raum und Zeit wird überwunden, die geistige Wiedergeburt in die Materie ermöglicht.

Himmel öffnen sich…

Geliebte Kinder des Lichtes, wenn ihr euch jetzt mit euren DNS-Strängen *beschäftigt,* weil ihr ihnen eure Aufmerksamkeit, Achtsamkeit und bedingungslose Liebe schenkt, so seid voller Hingabe, Geduld und Vertrauen. Jene, die dieses lesen, haben *alle* DNS-Stränge immer wieder *berührt* und so zum Teil bereits *eröffnet.*

Deshalb, bitte, wisst zu aller Zeit, ihr über alle Maßen geliebte Sternenkinder, dass es nichts *gibt zwischen Himmel und Erde, was euch hindern kann, eure kristallinen DNS-Spiralen zum Strahlen und somit zum Erleuchten zu bringen. Außer euren Zweifeln!*

So geht geduldig, kraftvoll und weise eure Pfade der Erleuchtung, in dem ihr eure Liebe zum Leuchten bringt. Weil ihr sie euch schenkt. Weil ihr sie jedem schenkt. Weil ihr glaubt.
Dafür liebe ich euch.

Raphael

Die 13. DNS-Spirale
„Erwecke den Schöpfer-Gott in dir"

Geliebte Sternenkinder, bitte stellt euch die 13. DNS wie eine *kristalline,* feinstoffliche *Licht-Spirale* vor, die *nicht* allein steht, sondern eure 12 DNS-Stränge *umhüllt und durchwirkt.* Sie ist also *reiner göttlicher Geist,* eine energetisch-ganzheitliche *Frequenz-Welle* und agiert in Raum und Zeit: für euch, in all euren Zellen und Körpern. Und sie ist, wie eure 12. feinstoffliche DNS mit dem *HyperRaum,* dem göttlichen Bewusstseins-Feld (Matrix), verbunden, von dem sie alle Impulse und Informationen erhält und austauscht.

Geboren aus der Weisheit der *heiligen Geometrie Gottes* ist jeder eurer 13 DNS-Stränge eine *perfekte* göttliche Ausdrucksform: *somit eine ewig sprudelnde Quelle höheren Wissens und universeller Genialität.*

Und in dieser lenkt eure DNS, wie ihr wisst, nicht nur eure Körperlichkeit, sondern auch euer *Schicksal.*

Und euer aller Schicksal ist es, *gottgeboren,* wie ihr seid, die wahrhafte, göttliche Bewusstheit wiederzuerlangen: denn jeder von euch ist Schöpfer. War es. Ist es. *Wird es sein: SchöpferGott!* Nicht mehr und nicht weniger. Dass allein ist eure Wahrheit.

Und deshalb habt ihr euch am *Anbeginn* eurer Inkarnationen auch nicht *nur* mit 12 DNS-Strängen ausgestattet, sondern mit 13. Denn ihr wusstet – was ihr vorübergehend vergessen habt –, dass die Zeit kommen würde, da ihr eure *wahre* Bestimmung finden und wiedererlangen würdet: nämlich als *erwachte Schöpfer-Geist-Wesen* zu denken, zu fühlen und zu handeln, zum Besten für Alles-Was-Ist… auf Erden, im Himmel und allen Welten und Universen.

Und mit Beginn des *Goldenen Zeitalters* am 21.12.2012 und Eintritt in die 5. Bewusstseins-Dimension begann die Zeit der *großen Erin-*

nerung für euch alle – denn, wie gesagt, wurde dabei auch die innere Stabilität eures Sonnensystems *verändert* und erfuhr eine neue Licht-Energie-Qualität. Da ihr aber zu aller Zeit mit der Sonne *verbunden* seid, ja, sie euch auch ein wichtiger kosmischer Impuls-Geber ist, reagiert natürlich euer ganzes Körper-System, welches von der DNS geregelt wird, lichtvoll-bewusst darauf. *Denn die Sonne ist eure wichtigste Licht-Quelle auf Erden.*

Eure Seelen sind so nun in liebvoller *Bereitschaft* an eurer Seite, um euch hilfreich auf den lichtvollen Weg des Meisters zu lenken und zu führen. Eure Höheren Selbste *durchfluten* euch deshalb *jetzt*, in Verbindung mit den Seelen, *alle in größtmöglicher Fülle* mit dem gold-kristallinen *Opal-Strahl* des kosmischen Regenbogens, der die *höchste* Licht-Frequenz in sich trägt, damit ihr Herz und Geist vertrauensvoll und angstfrei *öffnen* könnt:

➢ um Erinnerungen zu erleuchten
➢ um jedwede Kontrolle loszulassen
➢ Eigenverantwortlichkeit zu leben
➢ sich der eigenen Ur-Kraft: Schöpfer-Gott, zu besinnen
➢ LiebesKraft für Versöhnungen zu entfalten
➢ Rückverbindung zur Gott-Quelle durch reine Herzenergie herzu-stellen, die Schöpfergedanken bewusst auszurichten: Seele aktiviert so autark den 13. DNS-Strang.
➢ und am wichtigsten: bedingungslose und allumfassende Liebe zu praktizieren

Denn bitte wisst, *allein* diese Aspekte sind die Voraussetzung zur Erlangung wahrer Meisterschaft auf Erden – *und was immer einher-geht mit der absoluten Aktivierung der 13. DNS-Spirale.*

Euer *Herz* ist hierbei die zentrale *Schaltstelle* zwischen Himmel und Erde, zwischen Gott und dem Menschen, zwischen dem *höherdimen-sionalen* HyperRaum und *irdischem* Bewusstsein. Und da ihr geisti-ge Wesenheiten seid, *multidimensionale* Schöpfer, die menschliche Erfahrungen auf Erden zum Zwecke des Erwachens gewählt haben, habt ihr euch natürlich in eurer göttlichen Weisheit eine wichtige

Basis dafür geschaffen: *das feinstoffliche Dritte Auge,* euer 6. Chakra, grobstofflich von euch *Zirbeldrüse* genannt.

Geliebte Kinder des Lichtes, wie wir euch schon mitteilten, steht die 13. DNS-Spirale für die *Feinstofflichkeit* in eurem Sein. So werden euch durch ihre Eröffnung alle feinstofflichen, geistigen Fähigkeiten, euer göttliches Erbe, gebündelt als Licht-Information: *Galaktischer Mensch*, wieder ermöglicht!

Und zentrale Stelle hierfür ist euer Drittes Auge.

Wie euch Erzengel Michael schon berichtete, gehört dazu:
Vollendung des Lichtkörper-Prozesses
Hellfühlen, Hellsehen, Hellhören
Telepathie und Telekinese
Teleportation (Beamen)
Materialisierung und Dematerialisierung
Aufhebung des Alterungsprozesses
Multidimensionalität
geistige Wiedergeburt in die Materie: vollendete Entfaltung des Ich Bin
Einweihung in das kristalline Opal-Licht der Vollkommenheit: Träger des kosmischen Impulses *SchöpferGott*

Um zu erfassen, wie *Wunder… voll* die *Entfaltung* der 13. DNS-Spirale für jeden von euch ist, bitte ich euch, euch zu erinnern, dass die Zahl 13 nicht nur das *mächtigste Symbol aller galaktischen Mächte repräsentiert,* sondern dass ohne ihre Schwingungsenergie *Transformation* nicht stattfinden und Alles-Was-Ist sich *niemals* erneuern und so heilen würde!

Wie euch Erzengel Michael mitteilte, trägt die *13* in der *Gott-Matrix,* der göttlichen Ordnung, immer Anfang und Beginn einer *neuen* ganzheitlichen kosmischen *Wirklichkeit,* einer neuen göttlichen *Schöpfung* in sich: und das ist Auftrag und Vollendung allen universellen Seins.

Die 13 erhebt die durch die 12 bereits geordneten göttlichen Aspekte des Seins ins Licht, denn sie trägt die *höchste Schwingungsfrequenz* im gesamten Universum. So erschafft sie allein das *heilende* göttliche Energie-Feld, in dem sich alle kosmischen *Ur-Impuls-Ströme* der Gott-Liebe befinden. Und wirken.

So ist also die 13 die *mächtigste Zahl* im Universum, Symbol *ewigen Lebens*, die durch ihre stetige Bewegung, erzeugt durch Transformation, die ihr *göttlicher Puls-Strom* ist, Mittelpunkt und zentrale Basis allen Werdens und Seins – für Alles-Was-Ist. *Zu aller Zeit.*

Und da ihr selbst, wie Erzengel Michael euch berichtete, auf Erden *verkörperte Göttlichkeit repräsentiert,* denn ihr stellt ein *System der 13* dar – denn jeder verfügt u.a. über 13 Hauptgelenke – so könnt ihr verstehen, warum ihr nicht *nur* über *12* oder sogar nur 2 DNS-Stränge verfügt, verfügen könnt: denn es wäre im göttlichen Schöpfungs-Prinzip nicht vollkommen.

Und *bitte erinnert euch*, wie gesagt, zahlen-energetisch gesehen, ist das *Gott-All,* Universen und Welten, Alles-Was-Ist, aufgebaut auf *göttlicher Mathematik.* Kann so von euch leicht *gelesen* und verstanden werden!

So ist die 13. DNS-Spirale seit Anbeginn der Zeit in eurem Licht-Körper angelegt und wartet darauf, vollends aktiviert zu werden. Da die 13 die *höchste* göttliche Schwingung in sich trägt, durchwirkte sie, hilfreich und sanft-stabilisierend, *von Anfang an* alle eure *12 weiteren DNS-Stränge:* denn sie ist die *Trägerin* der Vollkommenheit Gottes.

Jetzt ist die Zeit gekommen, sie vollends zu aktivieren und ihr wisst ja nun, wie das möglich ist: damit jeder von euch sein Leben, sein universelles Sein mit seinem *göttlichen Erbe krönt;* weise-wissend Polarität auflöst; erkennt, dass er allein Schöpfer aller seiner Wirklichkeiten *war und ist*; seine kristalline, alles durchdringende Integrität zulässt; sodann in allumfassender Liebe als Schöpfer-Geist-Wesen wirkt.

Und in der Tiefe seines Herzens weiß, dass er zu aller Zeit ein heiliges, souveränes Wesen des Lichtes IST.

Bitte beachtet des Weiteren, geliebte Kinder des Lichtes, eure geistigen DNS-Stränge sind kristallin aufgebaut, somit ist jede von ihnen eine *höchstkomplexe* Licht-Basis und kosmische Antenne, die kommunizieren kann… und es *unentwegt* tut.

Denn sie reagieren auf jedes Gefühl, jeden Gedanken, jedes eurer Worte, all euer Tun.

Aus diesem Informations-Mix steuern sie dann euer Leben, Schicksal und ganzes Sein.

Da die Energie der 13, wie gesagt, Transformation bedingt und wahrhafte Göttlichkeit ist, in sich birgt, bewirkt nun das Eröffnen der 13. DNS-Spirale für euch, dass euch ihr gesamter genetischer Code, der als Impuls-Strahl-SchöpferGott in ihr ruht, zur Verfügung steht: denn erst die Aktivierung der 13. DNS-Spirale wird eure weiteren 12 DNS-Stränge vollends transformieren! Das spirituelle Erwachen in das göttliche Bewusstseinsfeld beginnt: So kann nun bei jedem von euch die Wiederherstellung einer göttlichen Gesamtheit eines geistigen wie materiellen Licht-Wesens, welches ihr Menschen seid, beginnen. Das wichtigste Handwerkszeug dazu schwingt in euren Herzen: die allumfassende und bedingungslose Liebe.

Fühlt sie. Lebt sie. Nutzt sie. Schenkt sie. Mehr ist nicht zu tun! Und bitte: Glaubt! Vertraut!

Ich Bin dabei an eurer Seite, wenn ihr die allumfassende Mächtigkeit eines SchöpferGottes wiedererlangt. Und ich liebe euch über alle Maßen.

Raphael

Die Zelle – ein Göttliches Universum

Erinnert euch bitte, ihr weisen Seelensterne: Alles, was Gott-Vater-Mutter-Kosmischer Geist in seiner unendlichen All-Macht, All-Weisheit und All-Liebe erschaffen hat, ist zwar *immer* im universellen Sinne *eins mit allem*, aber gleichzeitig auch *autark*: besitzt somit eigene kosmische Weisheit und Intelligenz. Ist zu aller Zeit göttlich-genial. Verfügt über seine ganz eigene Matrix … also ein Bewusstseins-Feld, welches sich allerdings immer *anpasst* an die *vorherrschenden kosmischen* Gegebenheiten.

So schwingt, erblüht oder erwächst *auf Erden* eben immer alles gemäß der *Erden-Matrix* (Ordnung); was hier mit einer bestimmten Dichte der Moleküle (= Licht-Teilchen) einhergeht.

Ihr wisst ja nun, dass alles, was ihr sehen oder auch nicht sehen könnt, immer aus *universeller* Lichtfrequenz besteht. Letztendlich existiert *nur* Göttlicher Geist, formloser Äther, ein *Neutrum*, das erst durch eure von den Gedanken gelenkte Schöpferkraft Verbindungen eingeht, welche dann irdische wie geistige Wirklichkeiten erschaffen!

Die Dichte des Lichtes, gelenkt von euren Schöpfer-Gedanken, ergibt dann Form und Wirklichkeit eurer Schöpfungen (Phänomene) in der für euch sichtbaren wie auch unsichtbaren Erd-Materie.

Auch jede eurer – *ca. 100 Billionen* – Körper-Zellen unterliegt bzw. hat sich in ihrer kosmischen Intelligenz der Erden-Matrix angepasst und verfügt so über ein grobstoffliches (irdisch-sichtbares) wie feinstoffliches (geistig-unsichtbares) *Bewusstsein*.

Die Zellen sind ständig mit Energie-Austausch, Informationen senden und empfangen aus dem HyperRaum, der göttlichen Matrix, Verarbeitung und Entsorgung beschäftigt.

Sie bestehen jeweils aus der Zell-Schutzhülle, genannt *Membran,* und dem *Zell-Kern,* welcher die *Steuerzentrale* ist. Außerdem enthält jede Zelle *Energie-Kraftwerke,* die Mitochondrien, die Sauerstoff und Nährstoffe ein- und ausführen: also die Zelle energetisch versorgen. Vor allem aber beherbergen die Zellen die *DNS,* die, wie gesagt, eure *grobstofflichen wie feinstofflichen* Gene: Erbanlagen, karmische Vorgaben und die *göttliche Ur-Matrix* enthält. Dabei befindet sich ein Teil der DNS *im Zellkern* selbst, der Rest im *verbleibenden* Zell-Raum.

Die Aufgaben der Zellen im materiellen Bereich, gesteuert durch die *grobstoffliche* DNS und *gemäß* ihren Genen, *dem Erbgut,* sind Zell-Aufbau und -Erhaltung, *indem* sie Energie aus der Nahrung ziehen, Sauerstoff aufnehmen, Energie anderer Quellen verarbeiten, Teilung, Wachstum, Abwehr, Stoffwechsel und Entsorgung bewerkstelligen und so das Leben aufrecht erhalten.

Die feinstoffliche DNS dagegen hält die Verbindung zum HyperRaum, der *göttlichen Matrix,* von der sie unentwegt, wie ihr wisst, alle universellen *Gott-Impulse* der *Multidimensionalität empfängt und sendet. Mit diesen kosmischen Licht-Liebe-Impulsen durchwirkt sie dann unentwegt jede Zelle,* damit intelligentes Leben in der Materie gewährleistet ist und das *Schicksal* eines Menschen sich entfalten kann.

Bitte versteht also, geliebte Kinder des Lichtes, alle für euch *sichtbaren* Funktionen eurer Zellen können nur durch die für euch *unsichtbaren* – weil feinstofflichen –Informationen der Erd-Matrix, dem *morphogenetischen Feld,* welches in der Erd-Biosphäre schwingt, sowie der Gott-Impulse des *HyperRaums* geordnet, gelenkt, kontrolliert und ausgeführt werden – und das übernimmt allein eure DNS.

Denn, wie gesagt, sind *zu aller Zeit* alle *Lebensabläufe* der Materie, sowie alle eure *karmischen (*lichtvolle wie lichtlose) Bewusstseins-Aspekte, welche euer Schicksal bestimmen, in jeder eurer Zellen, *in der DNS, immer* gespeichert und manifestiert.

Um zu erkennen, welch großen Anteil dabei die *geistigen* Funktionen eurer Zellen haben, stellt euch bitte ein *Fußballfeld* vor – und dann den *Ball* darin.

Der Ball ist die Zelle mit Membran, Zell-Kern, Teil der DNS und Mitochondrien. Der (vermeintlich) leere Rest des Fußballfeldes ist ausgefüllt mit restlicher DNS, kosmischem Äther, dem Atem Gottes, und in ihm ist euer jeweiliges angesammeltes Bewusstsein eingespeichert, das immer von Inkarnation zu Inkarnation wieder mitgebracht wird, um erfüllt oder gelöst zu werden.

Bitte, erinnert euch, geliebte Kinder des Lichtes, dass alles, was ihr je gefühlt, gedacht, ausgeführt habt, immer einen energetischen Fingerabdruck, eine Energie-Spur, im Äther hinterlässt! Diese sind: alle eure karmischen Verknüpfungen, mit euren Seelengeschwistern und auch euren Ahnen, Erfahrungen allen Lebens, Behinderungen, Ängste und Blockaden aller Art, alles nur erdenkliche Bewusstsein, das jemals erschaffen wurde, alle Handlungen und Gedanken, positiv wie negativ. Es sind diese gesamten energetischen Fingerabdrücke, die ihr, als Schöpfer-Geist-Wesen, einst und jetzt, bewusst oder unbewusst, erschaffen, auch übernommen (Seelenfamilie) und im Äther (Akasha-Chronik) des Universums gespeichert habt. Und mit denen eure DNS unentwegt kommuniziert: um, wie ich euch schon sagte, für euch lebenswichtige und schicksalsträchtige Informationen zu senden und zu empfangen.

Und sie sind es auch, die jede eurer neuen Inkarnationen färben: *neu einfärben*, zu immer wieder einem neuen Leben mit neuen Erfahrungen.

So gleicht kein Leben dem anderen!
So gleicht kein Schicksal dem anderen!

Damit so universelle, weise, geniale Vielfalt an Schöpfertum und Bewusstheit erbracht wird und werden kann. Allein so werdet ihr, und das ist euer größter Wunsch und Anliegen, der Gott-Ganzheit und Gott-All-Liebe gerecht! Es ist Sinn allen Seins. Auf Erden. Allen Welten. Im Himmel.

Geliebte Kinder des Lichtes, versteht ihr nun, warum auch die winzigste Zelle *ein immer autarkes* Universum *ist: untrennbar verbunden mit*

Gott, Allem-Was-Ist, intelligent, weise, aus sich selbst *heraus genial organisiert; eines aufs andere* präzise *abgestimmt, lenken sie fast wie von
Geisteshand geführt - was sie ja auch immerwährend sind – alle materiellen wie geistigen Abläufe und Funktionen absolut perfekt. Besser als euer
Verstand es jemals tun könnte! Um das Ganze einigermaßen zu verstehen,
solltet ihr in euren Sternenhimmel hinaufsehen. Ihr solltet euer Sonnen-
system beobachten und ihr würdet verstehen, was ich meine: Würde sich
eure Sonne nur um einiges weiter weg oder näher an der Erde befinden,
so würde entweder alles verglühen oder vor Kälte erfrieren. Könnt ihr hier
Gottes Hand sehen…?*

*Bitte erkennt, wie genial ihr seid, wart und immer sein werdet. Denn
ihr seid zu aller Zeit ein wichtiger, unersetzlicher, kostbarer Teil davon.
Erkennt, dass ihr zu aller Zeit alles Weltengefüge* mitformt *und entstehen
lasst. Einst und jetzt. In jedem Augenblick.*
Denn ihr seid Meister des Lichts.
Meister der Liebe.
Und ich liebe euch dafür.

Raphael

Die Körper-Engel

Wie ihr ja wisst, geliebte Kinder des Lichtes, ist euer Körper ein *universelles Wunder.* Ein göttliches Instrument. Und er stellt sich als eine Komposition vieler *verschiedener* Töne dar. So erklingt auf und *durch* ihn eine wundervolle, harmonische *Melodie* – ist er in Gleichklang, Achtsamkeit und Versöhnung mit Allem-Was-Ist! Doch ist er Ungleichgewicht und Stress aller auf Erden erdenklicher Art ausgesetzt – *ihr wisst, was ich meine* –, so entspringen ihm traurige, unharmonische *Misstöne,* die sich anfangs als leichtes Unwohlsein oder Schmerz zeigen: wird dies nicht wahrgenommen oder *ergründet,* so kann sich das dann zu einer (leichteren oder schwereren) Krankheit ausbilden. Das ist das Zeichen für euch, euren Körper bewusster wahrzunehmen. Darüber werden wir dann anschließend in dem Kapitel „Selbstliebe" zu euch sprechen.

Achtet dabei bitte *immer* auf eure Gedanken, sie sind nun mal der Anfang allen Übels: denn *immer* steckt *nur* Angst dahinter. Erinnert euch also, dass jede Angst ein *negativer Same* ist. Vielleicht lest ihr dazu noch einmal das Kapitel: *„Angst - die größte Selbsttäuschung auf Erden"* in Buch 2 von Aannathas und Erzengel Michael.

So ist also euer Körper zu aller Zeit eine Ansammlung und Verbindung von Zellen, die sich wiederum in Organen organisiert haben und jeweils über ein eigenes, autarkes Gehirn verfügen – welches dann bestimmte Funktionen *selbständig* und doch in genialem *Zusammenspiel* mit der *Gesamtheit* des Körpers und aller seiner Zellen ausübt. Und ich sagte euch ja schon, dass jede Zelle immer ein *sich selbst bestimmendes* Licht-Wesen *ist* und somit *geistig-seelische Bewusstheit* besitzt. Ihr wisst auch, dass alles Göttliche *genial-weise* ist und sich so immer den erforderlichen Gegebenheiten *selbständig* ein- oder *zuordnet:* um so der Gott-Ganzheit *perfekt* und *präzise* zu dienen: geführt von der

Matrix, dem Bewusstseinsfeld, in der sich die Zelle gerade befindet. Hierbei gibt es *nie* ein mehr oder weniger, groß oder kleiner, minder oder wertvoller, sondern immer *nur* ein licht- und liebevolles Gleichsein ohne jegliche Wertung!

Denn: Alles-Was-Ist ist Liebe – ist GOTT, hat Bewusstsein, kosmische Wahrheit und ist allzeit göttliche Vollkommenheit, die in allem immer lebt und autark-bewusst agiert. Das allein, geliebte Kinder des Lichtes, ist das Geheimnis. Das Geheimnis allen göttlichen Seins und Werdens…

So ist vielleicht euer Körper und seine Reaktionen für euch manchmal *unverständlich* - unergründlich! Doch das muss nicht so sein. Darum haben wir, die Körperengel, uns bereiterklärt, euch hier und jetzt Hilfen zu geben, damit ihr euren Körper durch die *Zeichen* eurer Organe besser verstehen lernt!

Bitte beachtet dabei, dass jedes eurer Organe also ein ganz eigenes, sich seiner selbst bewusstes Wesen, eine göttliche Licht-Wesenheit ist – wie auch ihr; geführt von einem Engel – wie auch ihr!

Und so sprechen wir, die verschiedenen Körper-Engelchen zu euch, damit ihr euren Körper *bewusster* versteht:

Ich bin euer Herz-Engel und spreche hier zuallererst für alle folgenden Organ-Engel, denn ich bin die zentrale Stelle eures Körpers – und wir wollen euch sagen, dass es uns größte Freude bedeutet, dass ihr euch die Zeit nehmt, Achtsamkeit und geduldige Hingabe, uns zu hören. Wir danken euch von Herzen.

1. Ich bin dein Herz-Engel: *Ich bin die Zentrale deines Seins in dir,* die Sonne in deinem Körper-Kosmos und sende und regle alle Licht-Liebe-Wellen, die durch dich fließen. Mit meinen Strahlen manifestiere ich unentwegt die göttliche Ur-Matrix, die göttliche Ordnung, in alle deine Zellen. *Ich bin das Zentrum aller Liebe,* Mitgefühls, Weisheit und aller universeller Sicherheit und Fülle. Meine in Liebe und göttlicher Weisheit wärmend-strömende Herz-Energie *verbindet und organisiert* alle Organe zu einer *himmlischen Symphonie,* die alles kraftvoll-harmonisierend durchwirkt. Und ich verbinde in meiner tiefen, wahren *All-Liebe* Gottes zwei Menschen zu einem himmlischen Bund der Liebe. *Aller Lebensfluss beginnt in mir, denn Ich Bin das erste Organ, welches sich bei einer Inkarnation, geführt durch die göttliche Matrix, formt* und *entfaltet!* Meine Energie-Impulse schwingen, im *Rhythmus* allumfassender Liebe, wellenartig bis in jede kleinste Zelle und feinste Blutbahn, um so die *himmlische* Symphonie der göttlichen All-Liebe und des All-Eins-Seins zum Klingen zu bringen. Ich kommuniziere *immer unabhängig* von der Ratio (Verstand). *Damit Körper-Geist und Seele eins werden in Wahrhaftigkeit.*

So wisse, geliebtes Kind des Lichtes, Selbstliebe, Selbst-Annahme, Weisheit, Mitgefühl, Vertrauen, Individualität, Emotionen, Gefühle, Empfindungen und spirituelle Fähigkeit ruhen sanft in meiner Liebesschwingung: warten darauf, von dir gefühlt, entfaltet und genutzt zu werden.

Ursachen und Entstehen eines ev. Krankheits-Bildes sind u.a.:

Liebe kann nicht gegeben oder angenommen werden; Fehlen der *Selbstliebe;* durch negative Gedanken: Verhärtungen, Verkrampfungen und Verengungen; durch Stress, Ärger, Druck: Durchblutungsstörungen; Rhythmusstörungen durch Angst; falsches Atmen (pressen); tiefe Trauer; Verlassenheitsgefühle; Einsamkeit; fühlt sich nicht geliebt; jeglicher Druck; Hetze, Stress; zu viel an Ehrgeiz; Wut; Hass; Geiz; Missgunst.

Heil-Affirmation: *Ich liebe und achte dich, mein Herz, und somit mich und danke dir für deine unermüdliche Kraft.*

2. Ich bin dein Engel deiner Haut: Und ich bin eines deiner größten irdischen Sinnesorgane und bin der Spiegel deiner Seele, und *so reagiere ich auf alles, was dir begegnet.* So *umhülle* ich dich liebevoll und nehme so alles, was dich umgibt oder berührt, sehr sensitiv wahr, schütze dich so effektiv und schenke dir Geborgenheit. Auch erhalte ich deine Spannkraft und Schönheit durch meine *stabilisierenden* Kräfte, die dir Selbstbewusstsein schenken. Ich lasse dich behutsam die Dichte der Erd-Materie spüren – wodurch du dich *selbst* wahrnehmen und *Grenzen* abstecken und dir *Schutz-Grenzen* errichten sollst. Ich bin ein *wichtiges* Atmungsorgan und unterstütze so deine Lunge. Auch verfüge ich über verschiedene Struktur-Schichten, die deinen Körper, von außen nach innen, mit Licht und Sauerstoff versorgen. Und ich bin deine feinfühlige Seelen-Verbindung vom Innen nach außen, und umgekehrt; lasse dich durch liebevolle oder lieblose Berührungen die Vielseitigkeit des Lebens erfahren. *Eine dich überziehende Gänsehaut ist dabei meine Zustimmung auf eine deiner Fragen...*

Ursachen und Entstehen eines ev. Krankheits-Bildes sind u.a.: sich seiner selbst nicht bewusst sein; kein Selbstwert; Mutlosigkeit; fehlende Präsenz; Wehren - sich seiner Haut *nicht* erwehren können; Individualität nicht leben; zu übersensibel, überkritisch, überempfindlich, ängstlich sein; Stress aller Art; diverse Ängste; fehlende Geborgenheit; kann sich nicht abgrenzen; kann keine Liebe annehmen; fühlt sich schutzlos; einsam; was andere denken, sagen, tun, geht mir unter die Haut und verletzt mich.

Heil-Affirmation: *Ich danke dir, geliebte Haut, für deinen Schutz und bin mir meiner göttlichen Kraft und Präsenz liebevoll bewusst.*

3. Ich bin der Engel deiner Augen: Und ich *sehe, sah* und *sammle* alle deine sichtbaren wie unsichtbaren (Drittes Auge) Wahrnehmungen in Vergangenheit, Gegenwart und Zukunft deiner Welt und lenke sie in deine innere, räumliche Vorstellungskraft, wo sie sich *bildhaft* formieren: eine klare *Licht-Essenz* bilden, die sich in den universellen *Regenbogen-Farben* darstellt. Jede Farbe trägt eine *bestimmte* Schwingungs-Frequenz und somit *Botschaft* für dich, die über dein Seelen-Empfinden und dein Verstandes-Bewusstsein ausgewertet werden. Deine Emotionen all deiner Erfahrungen, wie die der Freude, des Glücks, der Leidenschaften, aber auch des Leids, Unglück und Ängste spiegeln sich in mir/uns. Kommt von deinem *Herzen* wohlwollende Zustimmung, Verständnis und Mitgefühl über das Gesehene, sodass sich unsere schöpferischen Augen öffnen können, *bereichern* Zufriedenheit, unendliche Freude und *beglückende* Schönheit deinen Lebens-Alltag. Unsere Augen-Blicke schenken *dann* auch lichtvolle Einsichten und das *wahre Bild* aller göttlichen Vollkommenheit. *So* wisse immer, alle meine Augen-Blicke dienen nicht nur der sichtbaren Materie, sondern immer auch voller Liebe deiner lichtvollen Seele...

Ursachen und Entstehen eines ev. Krankheits-Bildes sind u.a.: ungeweinte Tränen, „was kann ich nicht mehr sehen?" Angst hinzusehen; ich werde nicht gesehen; was will ich nicht sehen – bedingen Augenschwächen; wovor schließe ich die Augen – was ist so schlimm? Keine *neuen* Sichtweisen zulassen wollen; will sein Wahres Ich nicht sehen (Angst); Ärger, Wut, Hass, Zorn über das zu Sehende (Vergangenheit, Gegenwart, Zukunft); will nicht freudvoll, glückvoll sehen; alles Sehen ist zuviel; Druck, fühlt sich gedrängt; Starren, starres, unversöhnliches Sehen; kurzsichtig – eng sehen; Zukunftsangst; was ich sehe, stresst mich – allumfassende Liebe sowie Selbstliebe fehlen.

Heil-Affirmation: Ich danke dir aus tiefem Herzen für mein immer liebevolles, freudvolles und friedvolles Sehen. Ich vertraue.

Heil-Affirmation bei Kurzsichtigkeit: Ich Bin immer geführt durch meine Engel und vertraue. Meine Zukunft ist sicher und freudvoll. Danke.

Heil-Affirmation bei Weitsichtigkeit: Ich Bin immer geführt durch meine Engel und vertraue. Ich Bin hier und jetzt glücklich, sicher und geschützt. Danke.

4. Ich bin der Engel deines Gehirns: Und ich bestehe aus *zwei* Universal-Energie-Einheiten. Die eine Hälfte funktioniert *logisch-denkend, sortiert und entscheidet nach der Ratio alle Dinge der dichten Materie. Die andere schwingt intuitiv-fühlend, sondiert alle Emotionen und Gefühle und leitet sie weiter in die Zellschichten deines Herzens, wo sie Liebe aktivieren.* Gemeinsam *wirken* wir für dich, um dein Leben real und weise zu bewältigen. Unentwegt erschaffen wir dir durch Verflechten von kosmischen Räumen und Dimensionen immer wieder ein neues Universum der Wahrnehmungen und Wahrscheinlichkeiten, damit sich alle deine mitgebrachten göttlichen Fähigkeiten perfekt auf Erden *entwickeln* können. Meine *leuchtenden* wie *erleuchtenden* Impulse schwingen *unentwegt-verbindend*, um alle Informationen sofort weiterzuleiten und so alle Körper-Abläufe durch die Organe *perfekt* zu organisieren. Lässt du *allerdings* nur Verstandes-Gedanken zu - was du mir durch *Absichts-Energie* sendest, *hinke* ich dem göttlichen Universal-Liebes-Bewusstsein hinterher. Illusionen sind die Folge. *Erinnere dich. Du hörtest es oft: Das Leben ist ein himmlisches Spiel. Gewinne, weil du es richtig – humorvoll – spielst...*

Ursachen und Entstehen eines ev. Krankheits-Bildes sind u.a.: falsche – lieblose, vertrauenslose, *negative* – Gedanken (in jedem Sinne); starres, uneinsichtiges Denken; *verstandesmäßig*-überstrukturiertes Denken (Ratio); will überholte Denkmuster nicht ändern; angstbeherrschtes trauriges Denken; lässt sich von *anderen* gedankenmäßig steuern; starrköpfig; Durchblutungsstörungen durch Gedanken-Druck, Ängste, Stress, Enge; fehlen von Vertrauen in die eigenen Schöpferkräfte durch eigene Gedanken; Gedanken hegen, die einsperren, weil Glaube an freien Geist fehlt.

Heil-Affirmation: Ich liebe dich und danke für deine Genialität, Leben, Licht und Liebe in meinem Geist zu verbinden.

5. Ich bin dein Schilddrüsen-Engel: Auch ich habe mich doppelt erschaffen, denn es ist immer viel zu tun in deinem Körper. Unentwegt *stimuliere* ich all deine Zell-Funktionen durch meine *Hormone. Diese sind spezifisch-regulierende*, sensible Botenstoffe – entfaltet aus deinen Gefühlen und Emotionen –, die eine *gleichbleibende* Schwingungs-Balance im *Stoffwechsel* jeder Zelle erzeugen. Ich unterstütze durch meine Kraft, eine *Wandlung* der Nahrung in Licht-Energie zu ermöglichen. *So wird in den Zellen ein sanftes Energie-Feuer aktiviert und stabilisiert, das transformierend auf jede deiner Erfahrungen wirkt.* Daraus entfaltet sich liebevolles Verständnis und dich heilende Kreativität; somit unterstütze und halte ich übermäßige *Kontrolle* weise in Grenzen. *In uns* ist - geistig - dein *Ich bin* manifestiert und *will* unterstützt werden: durch deine wieder*entfaltete* Erinnerung: *wer du wahrhaft Bist*. Bist du bereit dazu, angstvolle *Kontrolle* durch bewusstes *Vertrauen* zu ersetzen, dir endlich *zuzugestehen*, was du *wirklich* willst, schwinge ich in höchster Fülle und Einklang mit dem Höheren Selbst. *Das Leben wird ein Fest der liebevollen Schöpfungen für das vergessene Selbst...*

Ursachen und Entstehen eines ev. Krankheits-Bildes sind u.a.:
sich selbst nicht fühlen; sich keinen Raum (Frei-Zeit) zugestehen und geben; fühlt sich überhört, nicht gesehen, nicht wahrgenommen; vernachlässigen von Kreativität jedweder Art (dadurch kein inneres Wachstum); sich nicht wichtig nehmen; sich nicht nehmen, was man will („was *mir* zusteht"); Gefühle von Wertlosigkeit; im Ungleichgewicht durch Zulassen von Demütigungen; Engagement für Spaß, Spiel, Freude fehlen; sich verbieten, Kind sein zu dürfen im Sinne von „Ich Bin ein göttliches Kind", nicht nur eine funktionierende Nummer sein; Wo-bleibe-ich-Gefühle.

Heil-Affirmation: *Ich erfülle mir liebevoll alle meine Wünsche und löse alle meine gedachten Begrenzungen auf. Ich danke dir.*

6. Ich bin der Engel deiner Nase: Ich kann *weit mehr als riechen* – ich wittere – *ahne, fühle instinktiv* mit meinem weitverzweigten emotional-gesteuerten Bewusstsein: dein Gegenüber, aber auch Nahrung, Umfeld, ja, Begebenheiten. Erkenne so lichtvolle, schöne, wie auch gefährliche Situationen und Umstände. Aus meinem tiefsten, innersten Bewusstsein führe ich dich so zu deinem „wahren" Lebens-Partner – *den du als gut-angenehm-wundervoll, durch dein auf „hier" geschaltetes Ur-Bewusstsein riechen kannst.* Ich führe dich stets, lässt du mich - meine göttliche Weisheit - gelten, auf deinen meisterlichen Weg. *Immer der Nase nach,* sagt weise euer Volksmund. *Folge dem und die ganze Fülle des Lebens wird sich dir lichtvoll zeigen…*
Ursachen und Entstehen eines ev. Krankheits-Bildes sind u.a.:
Was oder wen kann ich nicht oder nicht *mehr* riechen, *ich habe die Nase voll* von diversem Ärger: erzeugt Verhärtungen und Entzündungen; Intuition wird *nicht* gefühlt, nicht gelebt: Selbsterkenntnis/Selbstwert fehlt; trauriges, ärgerliches Gefühl: andere nehmen mich *nicht* intuitiv wahr (Nase ist Sinnesorgan); *Nase verstopft:* ich bekomme keine Luft mehr durch gewisse *meiner* Lebensumstände oder Menschen; alles ist mir zuviel; Selbstliebe fehlt; ich bekomme keine Anerkennung, keine Liebe, bin deshalb verschnupft (Schnupfen).

Heil-Affirmation: *Ich danke dir für deine liebevolle Führung und achte jetzt voller Liebe auf meine weise Intuition.*

7. Ich bin der Engel deiner Ohren: Wir sind das Tor, die Tore, zum Universum. Und halten beständig dein Gleichgewicht: *durch dein Inneres... dein Äußeres.* Wir hören deine Töne, die du durch *dein* Befinden und deine Stimmungen *erzeugst* oder im Außen suchst und zulässt. Du weißt, dass *alles* Schwingung ist im Kosmos wie auf Erden, dass *jeder* deiner Gedanken immer auch Ton, Form, Zahl oder Farb-Frequenz ist, die vibrieren, die ich aufnehme und weiterleite, um daraus entweder eine *harmonische* Melodie oder ein *Crash-Konzert* zu komponieren. Du bist der Protagonist – warst es immer. *Welchen Klang-Beitrag willst du der Weltenseele bringen? Wähle weise deine Instrumente...*

Ursachen und Entstehen eines ev. Krankheits-Bildes sind u.a.:
Was will und kann ich nicht mehr hören; was macht mich traurig, böse, ärgerlich, wütend, krank, höre ich es mir weiter an? alles – oder *Bestimmtes* – was ich höre, macht mich krank; die Ruhe, die Stille nicht hören (zulassen) können; Innere Stimme verneinen, nicht hören wollen; Stur nur den *Verstand* hören; Höheren Geist nicht hören, nicht erhören; *Hör-Art und Weise wird nicht positiv verändert*: alles, was ich höre, strengt mich an; mein (Geschäfts-Lebens usw.) Partner nervt mich, höre ich ihn; will (manches) nicht hören;
Heil-Affirmation: Danke, meine liebsten Ohren. Ich lausche sanft und höre in Liebe mich selbst und was die Welt mir erzählt.

8. Ich bin der Engel deiner Kehle: Ich beheimate deine *Stimmbänder. Ich konzipiere deinen Selbstausdruck. Ich durchdringe* mit meiner Schwingungskraft alle Klangräume. Innen wie außen. Ich bringe verschiedenste Töne und Klänge hervor: woraus ich – in Verbundenheit mit deinem heiligen Atem – *Worte forme.* Worte, die *tief* aus dem Herzen und so, mit *Engelszungen* gesprochen, allumfassend sind in Liebe, Aufmerksamkeit, Verständnis, Mitgefühl und Freude; aber auch kraftvoll-streng, weise-abgrenzend sein können und somit Probleme, Gegner und Widersacher, zwar gelassen, aber doch bestimmt, abwehren. So gibst du als Mensch auf Erden deinen *Gefühlen* und deinem *Denken* eine klare *Gestalt* und *Raum*. Füllst damit, von *innen nach außen* dein Umfeld, Mensch, Tier, ja, Alles-Was-Ist mit harmonischer Weisheit, aber auch mit *deiner-selbst-bewussten* Präsenz. *So spreche nicht, singe ein Lied deiner Seele und deiner Liebe…*

Ursachen und Entstehen eines ev. Krankheits-Bildes sind u.a.:

„Mir bleiben vor Schreck die Worte im Hals stecken“; Angst, Druck, Ärger, Wut, Gram, Groll. Fühlt sich *überrumpelt*, kann sich nicht verbal wehren; kann nicht – liebevoll-bestimmt und laut genug – sagen, was er will; kann andere nicht loben, weil verbittert; es fehlen die richtigen Worte, um Unterdrückung, Ungerechtigkeiten, Zurechtweisungen entgegenzuwirken; Kreativität fehlt, wird nicht genutzt; Gelassenheit, Lockerheit, Leichtigkeit fehlen; singen, jubilieren, trillern, pfeifen, fröhlich zwitschern wie eine Nachtigall wird sich selbst *untersagt;* Hals voll haben, dicken Hals haben: weil nicht ausgesprochen wird, was auf der Zunge liegt; sich nicht wörtlich befreien können.

Heil-Affirmation: *Ich bin dankbar, in Liebe und Frieden alles zu sagen, was mir wichtig ist.*

9. Ich bin der Engel deiner Zähne: Ich bin da, um irdisches Leben zu ermöglichen: denn ohne Nahrungsaufnahme kannst du nicht *sein*. Daraus *erwächst* dir Energie und Lebensfreude, die dir hilft, zu erschaffen und zu erhalten. Und um etwas kraftvoll im Leben zu erringen, braucht es *starke* Zähne. Ein starkes Gebiss, worin sich die *evolutionäre Ur-Kraft* allen Lebens manifestiert hat, ist die direkte Anbindung an deine *Ahnen* und hilft dir - lebenswichtige und lebenserhaltende – Entscheidungen zu treffen. Dadurch erwächst Vertrauen in dich selbst: was dir innere Ruhe, beglückende Wahrheit und äußere Durchsetzungskraft schenkt. *Lebe Entschlossenheit und Tatkraft und zeige lachend dein Strahlen…*

Ursachen und Entstehen eines ev. Krankheits-Bildes sind u.a.:

keinen Biss haben: weil müde, schwach, ohnmächtiges Gefühl bzw. Denken. Nicht an sich und das Leben glauben; Negativ-Gedanke: Das Leben nährt mich nicht; ich habe keine Kraft zuzubeißen, zurückzubeißen (sinnbildlich); Unentschlossenheit; Unfähigkeit; Entscheidungsschwäche: Angst vor (falschen) Entscheidungen; Ideen nicht realisieren können; keine klare Konsequenzen fassen; sich nicht schützen, nicht verteidigen können.

Heil-Affirmation: Ich treffe immer die richtigen Entscheidungen – und setze mich immer liebevoll und friedvoll durch. Danke.

10. Ich bin der Engel deiner Schultern: Ich wirke als die *Achsen* deines irdischen Seins, allzeit *verbunden* mit den *kristallinen* Achsen des Kosmos, und *balanciere* dein Leben aus. *Auf mir ruhen die Träume deiner Welt.* Und so *trage* ich alle Freuden, die dich *beflügeln,* aber auch alle *Lasten* deines Lebens: deine Entscheidungen, alle deine Schwierigkeiten, dein Elend, Trauer, deine unerfüllten Träume auf mir. Als *Dreh-Punkt* in deiner Inkarnation transferiere ich die unterschiedlichen Wahrnehmungen deiner Lebens-Einstellungen von innen nach außen und *umgekehrt.* So erwachsen dir durch diese Bewegungen freudvolle Aspekte allen Göttlichen Seins, welches dich unentwegt umgibt, durchwirkt und segensreich erfüllt – bist du *bereit,* solche Erfahrungen zuzulassen. *Lasse dich vertrauensvoll von meinen Flügeln hinaustragen in die Welt…*

Ursachen und Entstehen eines ev. Krankheits-Bildes sind u.a.:
„Die Lasten, die ich tragen muss, sind mir zu *schwer*"; negative Einstellungen, den Alltag betreffend; nicht wendig und locker sein im Sein; verkrampfte Gedanken unterbrechen jedweden harmonischen Lebensfluss; Erfahrungen werden immer nur als schwierig eingestuft; kein Vertrauen ins Leben; hält angstvoll an alten Mustern fest; sich vom Leben *freudlos* niederdrücken lassen; sieht und fühlt nicht die göttliche Kraft *in sich;* kann sich, mutlos, nicht zu seinen Überzeugungen bekennen.

Heil-Affirmation: Ich vertraue meinem wundervollen Lebens-Prozess, denn ich habe ihn bewusst in Liebe für mich gewählt. Ich bin voller Kraft und Mut.

11. Ich bin der Engel deiner Thymus-Drüse: und als *wichtigste Drüse* deines Immunsystems (Sitz: direkt unter dem Brustbein) schütze ich deinen Körper vor allen Eindringlingen wie Bakterien, Viren und sende vermehrt *LichtLiebe* in wuchernde Zellen. Ich bin deine *Atem-Seele* und *behüte* und bewache dein *Herzportal* durch meinen kraftvollen kristallinen Energie-Fluss und lenke auch alle deine inneren Licht-Liebe-Ströme. *Göttlicher Hauch irdischen Seins* wurde ich in der Antike genannt: denn ich schenke dir in jedem Moment universelle Lebendigkeit und die *Ur-Kraft* der Selbstbestimmung eines erwachten Schöpfers. Ich stärke dein Abwehrsystem nachhaltig, indem ich negative Energie (Stress, Wut, Hass, Ärger usw.), die auf dich einwirkt, neutralisiere. Lebensfreude und eine stabile Ich-Bin-Kraft folgen daraus und schwingen schützend in deine Aura. *Verbinde dich mit mir und fühle deine göttliche Anbindung, die dir allezeit Sicherheit verheißt...*

Ursachen und Entstehen eines ev. Krankheits-Bildes sind u.a.: fühlt sich im Leben überfordert; fühlt sich immer wieder ungerecht behandelt und angegriffen; negatives *Immer-Ich-Gefühl*; Ideen werden nicht oder nicht *frei* entwickelt; selbständige Aktivitäten fehlen oder sind gering; *lieblose und freudlose* Gedanken über sich selbst werden gehegt; Unsicherheitsgefühle und unbewusste Ängste; belastende Gedanken; erfüllende Emotionen fehlen; „wann komme ich endlich dran?" Angst vor dem Vorwärtsgehen.

Heil-Affirmation: *Ich Bin immer sicher, stabil und gesund. Mein Immunsystem schwingt in Licht und Liebe. Ich erfülle mir alle Wünsche. Danke...*

12. Ich bin der Engel deiner Lunge: Meine *beiden Flügel* bewegen sanft und rhythmisch allen Atemhauch, deine Lebens-Energien. Sie durchfluten Alles-Was-Du-Bist mit dem *göttlichen Äther,* dem ihr viele Namen gebt: Chi – Ki – Qi – Prana – Odem – Orgon – Resonanz. So verbinde ich Körper, Geist und Seele zu einer unendlichen Einheit: Innen und Außen fließen harmonisch zu einem Kreislauf, der den Puls des göttlichen Mysteriums von Erblühen und Vergehen zeichnet.

Im *göttlichen Odem,* dem Atem, lebt allzeit Feuer, Wasser, Luft und Erde und erfüllt so dein Sein, alle deine Organe mit der göttlichen Wirklichkeit der *ewigen Fülle* und Liebe. Lebenskraft und Lebensmut entspringen daraus; Lebensfreude und gefühlte Freiheit unterstützen die *Öffnung* für universelles Wissen in Leichtigkeit. *Lasse bewusst deinen himmlischen Atem fließen und wiege sanft alle deine Organe in ihm...*

Ursachen und Entstehen eines ev. Krankheits-Bildes sind u.a.: tiefe Verzweiflung; Trauer; *des Lebens müde sein;* „mir fehlt die Luft zum Atmen": ev. durch Partner, Umfeld, Job, Lebensbedingungen; negative Emotionen und Verletzungen (Wunden) werden nur schwer überwunden, weil sie nicht versöhnt werden, können so nicht heilen, sich nicht auflösen; *Depressionen* entstehen durch unterschiedlichste Lebensängste, Gefühle von Wertlosigkeit; mutlose Lebensverneinung.

Heil-Affirmation: *Ich atme Licht. Ich atme Liebe. Ich atme Leben. Ich atme Gott. Und ich sehe freudvoll die Wunder und die Fülle meiner Welt.*

13. Ich bin der Engel deiner Brustdrüse: So höre: In jedem Neubeginn wohnt göttliche Magie. *Ein Zauber der Ewigkeit.* Nähren und behüten sind meine Aufgaben und betreffen nicht nur das *Yin,* das Weibliche deines Körpers; sondern auch das *Yang,* das Männliche, und so unterstütze ich *beides* mit sich immerdar entfaltender *Empfindsamkeit.* Bin allzeit *lebenswichtige* Quelle und Hort liebevoller *Geborgenheit* und *nähre alles Neue,* bis es genug *Eigenkraft* besitzt, um im Leben zu bestehen. Ich helfe neues *Selbst-Bewusstsein* zu entwickeln und versorge es dann *liebevoll-mütterlich* mit der göttlichen Schöpfermacht, um es nachhaltig zu manifestieren. Meine *mütterliche* Liebe für deinen Körper entspringt der *Gott-All-Liebe* und hält dein Sein in stabilem Gleichklang. *Erkenne, dass mütterliche Fürsorge immer der Keim aller Hingabe und Liebe ist...*

Ursachen und Entstehen eines ev. Krankheits-Bildes sind u.a.: ist nicht in harmonischem Gleichklang mit dem Lebensalltag; kein Mitgefühl (Muttergefühl) mit sich und anderen; mütterliche

Anteilnahme fehlt ganz oder kann aus Scham nicht gegeben werden; Thema: „ich bin hart, und weich sein ist etwas für Weicheier" (Schwache); Problematik mit Muttersein: lässt dieses nicht zu, kann oder will nicht Mutter sein; Problematik mit der eigenen Mutter: wurde verletzt oder nicht geliebt, nicht angenommen; sich selbst nicht nähren wegen Minderwertigkeitsgefühlen; sich selbst herabsetzen; aber auch übertriebener Selbstwert; Anmaßung anderen gegenüber; übermäßig andere beschützen, bemuttern; sich nicht frei fühlen.

Heil-Affirmation: Ich liebe und nähre mich, weil ich zu aller Zeit ein kostbarer Teil alles Göttlichen bin. Ich bin immer in Sicherheit, und Freiheit ist mein göttliches Recht.

14. Ich bin der Engel deines Blutes: Ich bin der *Kelch* allen irdischen Lebens und *heiliger Energie-Strom,* der alles *durchwirkt* und *versorgt.* Mein rotes *Lebens-Elixier* lenke und leite ich bis in die kleinsten Winkel und feinsten Gefäße deines Selbst, um sie mit allen *grobstofflichen* wie *feinstofflichen* Speisen, Sauerstoff und Licht zu nähren. So verwalte ich dein *göttliches Körper-Universum* in präziser und genialer Weise und halte Tage und Nächte in vollendeter *Balance.* In regelmäßigem Kommen und Gehen tätige ich den Austausch aller lebensnotwendigen *Nahrung* deiner *Zellen* und erhalte so den *ewigen Kreislauf* von Sein und Werden. Ich transportiere in meiner göttlichen Essenz alle Emotionen und Gefühle, die du in deiner menschlichen Existenz erfährst und wahrnimmst, und wandle sie in Energie und Dynamik, die sich in *selbstbestimmter* Bewegung deines *Lebensfeuers* unendlich *erneuert.* So bin ich die Liebes-Quelle und Strom aller universellen Fülle, bin Heilung und Heil, bin Freude und Glück in jedweder Energie-Form. Bin der göttliche Kosmos, der in dir fließt. *Verstehe die Tragweite meiner Existenz, indem du deine Existenz täglich ehrst...*
Ursachen und Entstehen eines ev. Krankheits-Bildes sind u.a.:
Es mangelt an Lebensfreude; jegliche Freude wird nicht zugelassen, wird gebremst – ausgebremst; Heiterkeit und Ausgelassenheit werden unterdrückt; lang anhaltende ungelöste Probleme; Emotionen werden unterdrückt, nicht aufgelöst; es darf nicht gelacht werden, alles ist

(zu) traurig; zu ernst; hat zu wenig Liebe in der Kindheit erfahren; Mutlosigkeit; nicht experimentierfreudig; lässt keine (neuen) Ideen zu; alles wird meist als fade und langweilig gesehen; nicht bewältigter Stress; Druck; fehlende Selbstliebe.

Heil-Affirmation: Ich Bin himmlische Freude, empfange Freude und schenke Freude. Freudvolle Ideen fließen allzeit frei durch mich. Danke.

Heil-Affirmation - Bluthochdruck: Ich lasse alles Vergangene in Freude los. Ich Bin geschützt. Ich wandle jetzt an der Hand meines Engels in Licht, Liebe und Frieden. Danke.

Heil-Affirmation – niederer Blutdruck: Ich bin zu aller Zeit unendlich geliebt. Mein Leben ist jetzt himmlische Fülle, Freude und Spaß. Danke.

15. Ich bin der Engel deines Magens: – und ich bin ein *wunderbares Behältnis*, das von unzähligen Nerven umspannt und umgeben ist. So nehme ich alles auf und verarbeite, was du mir als feste oder geistige Nahrung schickst. So *verbrennt* mein Feuer, das sich durch vielerlei Enzym-gesteuerte Säfte zusammensetzt, *alles und leitet* die dadurch gewonnene Energie liebevoll weiter in dein weiteres Verdauungssystem. Also nähre ich nicht nur deine materiellen Zellen, sondern auch deine *Seele:* indem ich Gefühle und Emotionen, die du *hinunterschluckst*, in deinen Lichtkörpern *speichere.* Je *achtsamer*, geduldiger und ruhiger du mit mir umgehst, je natürlicher und reiner die Nahrung und je liebevoller und positiver deine Gedanken sind, desto besser und gehaltvoller ist meine Energieausbeute – was wiederum dein gesamtes Wohlbefinden direkt und aktiv *beeinflusst.* So kann ich störende Einflüsse wie Sorgen, Angst und Stress, welche Heißhunger und Unwohlsein, ja, Schmerzen verursachen, in Wohlwollen auflösen und dir somit wohlige Lebenskraft und wundervolle Lebensfreude schenken. *Ich verdaue und sondiere, was du mir gibst. Gib es deshalb bedacht-weise…*

Ursachen und Entstehen eines ev. Krankheits-Bildes sind u.a.:
Schwere; Schwierigkeiten; Wut; Ängste können nicht verdaut werden; Druck; Hetze; Stress; Sorgen allerart; zu hastiges und ruhe-

loses Essen; schwierige oder streitvolle Gedanken beim Essen; zu viel vorgefertigte Nahrung; negative Ideen; negative Vorstellungen; keine eigene Akzeptanz; keine Selbstliebe; Minderwertigkeits-Gedanken; Selbstablehnung; Angst vor Neuem; Ärger; Hass; große Furcht; Kontrollsucht.

Heil-Affirmation: Ich liebe und akzeptiere mich, denn ich bin wundervoll. Ich verdaue alles leicht und friedvoll. Alles ist gut. Danke.

16. Ich bin der Engel deiner Gallenblase: *Ich bin ein Teil deiner Inneren Führung* und meine *klärende Kraft*, die sich in flüssiger Form zeigt, *verbindet* sich mit den heilenden Säften deines Magens, um alle deine Nahrung aufzuschließen: So *unterstütze* ich deinen Verdauungsprozess und *scheide* das Unreine vom Reinen. Ich helfe dir *Klarheit* in alle Verhaltensweisen zu bringen, denn meine *Heil-Essenz* durchwirkt alle deine Gefühle, Emotionen und Denk-Strukturen mit universeller Liebe. Göttliche Ur-Kraft, die dir den Weg des wahren Meisters aufzeigt, schwingt allzeit in mir und *durchflutet* dich mit Mitgefühl und *wissender* Demut: sodass du Hass, Wut, falschen Stolz, Verbitterung und Kummer in ein alles *durchdringendes* Urvertrauen wandeln und so heilen kannst. Meine Präsenz entfaltet sich *vollends,* kann ich in geduldiger Ruhe, Stille, Sanftmut und Gleichklang arbeiten. So schenke ich dir mutvolles Selbstvertrauen und erweiche und weite *enge* Denkmuster. *Ein harmonischer Fluss meiner Heilessenz lenkt dich liebevoll. Sei also sanft und heiter…*

Ursachen und Entstehen eines ev. Krankheits-Bildes sind u.a.:
verbitterte, verhärtete Gedanken; starre Denkmuster; *Wut;* Hass; Kummer; *jedweder Stress; Hetze;* falscher Stolz; *Härte;* verurteilen, verdammen; freudlos sein; böse, vergiftende Gedanken; an Altem, Vergangenem *festhalten,* darüber kummervoll und sauer sein; Unruhe, Ungeduld, Unmut; fehlende Harmonie; Süße des Lebens wir nicht zu gelassen.

Heil-Affirmation: Ich liebe mein wundervolles Leben, das durchströmt ist von himmlischer Süße und Leichtigkeit. Mein Sein ist Harmonie und Frieden. Danke.

17. Ich bin der Engel deiner Leber: *Ich bin dein wichtigstes Entgif-tungs-Organ und die Zentrale allen Stoffwechsels.* Ich bin der Sitz all deiner - freudvollen wie dunklen – Emotionen, wie Ärger, Wut und Rage oder Freude und Glück. Verbunden in liebevoller Achtsamkeit mit deiner Seele, *filtere* ich alle deine Nahrung und deine Gedanken und Gefühle und wandle sie in *lichtvolle* Energie-Träger. Diese sind die Bausteine und Grundlage für dein wichtigstes Lebens-Elixier: *dein Blut.* So erzeuge ich unentwegt die Basis dafür, um einen gesunden, reinen Blut-Energie-Fluss zu *garantieren;* schenke dir unendliche Lebens-Fülle und optimale Energieverhältnisse in deinem Körper-System. Unentwegt tausche, speichere und verwerte ich alle Stoff-wechselprodukte, die in deinem Verdauungs-Prozess anfallen, und halte dein Blut rein. Mit meiner heilvollen Tätigkeit vermittle ich dir allzeit Freude und Lebensglück, woraus dir eine wundervolle Krea-tivität und kraftvolle Selbstbehauptung erwächst. *So sei stets friedvoll in deinem Fühlen und Tun. Lache das Leben an…*

Ursachen und Entstehen eines ev. Krankheits-Bildes sind u.a.:
Unmut; angestaute Wut; schwelender Hass; *angestauter Ärger;* ne-gative Emotionen; stellt sich gegen jede Veränderung; Ängste aller Art; immer unlustig; *ewiges Beschweren;* sauer sein auf…; *überkritisch;* unentwegt sich selbst rechtfertigen, da Selbstwert fehlt; lieblos; freud-los; findet keinen Frieden; Angst vor Neuem; kann nicht vorwärts-gehen; Maßlosigkeit; Selbstbehauptung fällt schwer oder ganz weg; fühlt sich glücklos und schlecht; kann nicht lachen – schon gar nicht über sich selbst.

Heil-Affirmation: *Ich freue mich über alles Neue. Friede, Freiheit und Liebe begleiten mich immer. Alles ist gut. Danke.*

18. Ich bin der Engel deiner Bauchspeicheldrüse: *Als göttliches Füll-horn bin ich der Hort aller Wünsche und Wunder.* Ich *nähre* alle Sehn-süchte und zentriere Wünsche, sodass sie sich in der Materie entfalten können. Meine konzentrierten *Heilenergie-Säfte* schwingen in einem *ewigen Spiel* mit allen Zellen im *Gleichklang* und versorgen sie so perfekt. Schöpferische Fülle und lichtvolles Engagement verströme

ich so unentwegt und *aktiviere* die Fülle und die *Süße des Lebens.*
Nährende und gutfundierte Erfahrungen sende ich so in das *geistige Bewusstsein.* Ich bewirke die gesunde Entfaltung einer zielgerichteten Lebenskraft. So verwandle ich alle deine *irdischen* Genüsse in *geistige Puls-Strahlen,* die dein Seelen-Bewusstsein erhellen und *erfüllend* bereichern. Ich diene dem Körpersystem als *Energie-Versorgerin,* indem meine Verdauungs-Enzyme und Hormone alle Nahrung aufbereiten und in die Zellen transportieren. *Als dein wundervolles Füllhorn heißt meine Devise: Genieße freudvoll und täglich die Süße des Lebens...*

Ursachen und Entstehen eines ev. Krankheits-Bildes sind u.a.:
Kann die Süße des Lebens nicht zulassen; gesteht sie sich nicht zu; sieht das Leben als fade, langweilig, traurig; nimmt sich nicht wichtig; lässt Schönes nicht zu; ist vom Leben enttäuscht; hat Wut auf das *vermeintlich* schlechte Leben; lehnt Fülle, Süße, Freude, Genuss, Spaß kategorisch ab; verbittert; traurig; ungut; sauer; beschäftigt sich nicht mit seinen Sehnsüchten; fühlt nicht seine Wünsche; nimmt sich nie Zeit für sich; lässt nichts Schönes zu; kann die Süße nicht finden; ist knausrig mit allem; Großzügigkeit fehlt. Geizig mit allem.

Heil-Affirmation: *Ich liebe mein wundervolles, glückliches Leben. Ich lade die Süße des Lebens ein, immer mit mir zu sein. Danke.*

19. Ich bin der Engel deiner Milz: *Ich bin dein Tor zum bewussten Sein.* Wie eine strahlende *Sonne* wirke ich für jede deiner Zellen, indem ich alle *überalterten* und *nicht* mehr funktionsfähigen Blutzellen *aussortiere* sowie das Licht aller Nahrung *kläre* und *kompensiere.* Alsdann verteile ich es präzise weiter in dein Zellsystem und erhalte dir so eine gute Leistungsfähigkeit und stärke unentwegt dein *Immunsystem* und alle *Abwehrkräfte.* So ermögliche ich körperliche wie seelische bewusste Selbständigkeit und *aktiviere* diese. Auch *regle* ich alle Entwicklungsstufen in einer Inkarnation. Das Kleinkind führe ich heraus aus seiner Abhängigkeit, überprüfe und wandle dann im nächsten Lebenszyklus die noch unbeholfenen, vielleicht zu heftigen Verstandes-Gedanken und unterstütze das Werden einer *eigenständigen* Persönlichkeit beim Erwachsenwerden. Ich *lösche* für jede Seele auf Erden *überholte* Strukturen der Ahnen, damit eine geistig-klare Wiedergeburt die universelle Weltenseele unterstützt und licht- und liebevoll manifestiert. *Lass mich erstrahlen, weil du dir, dich selbst achtend, bewusst wirst...*

Ursachen und Entstehen eines ev. Krankheits-Bildes sind u.a.: kann sich selbst nicht – liebevoll – annehmen; lässt kein Licht, im Sinne von geistiger Bewusstheit und Weiterentwicklung, ins Leben; trauert um sich selbst; *Höheres Selbst* wird nicht verstanden; negative Verhaftungen; ungut *besessen* sein von etwas; gibt sich selbst keine Liebe; akzeptiert sich nicht als eigenständige Persönlichkeit; Negativ-Gedanke: *Ich bin ein Nichts,* wird gehegt; glaubt nicht an seine Leistungsfähigkeit; lebt Schwäche; fühlt sich nicht liebenswert; sieht sich wertlos; Abhängigkeits-Gefühle; übernimmt *gedankenlos* alte Strukturen und Kontroll-Systeme.

Heil-Affirmation: *Ich bin ein göttliches Kind und liebe und akzeptiere mich, wie ich bin. Mir gelingt alles in Leichtigkeit. Ich bin wundervoll. Danke.*

20. Ich bin der Engel deiner Nieren: Im Göttlich-Ganzen *Bin Ich Eins* und doch *doppelt* in dir manifestiert, denn ich vertrete das universelle *Yin* (weiblich) wie *Yang* (männlich) in deinem Körpersystem. So *unterscheide* ich, wie alle deine Organ-Engel, die in dir fließenden Energie-Essenzen in geistig-feinstofflich und materiell-grobstofflich: um sie dann folglich in deinen *beiden* Bewusstseins-Speichern anzulegen. Ich bin die große *Lebensspenderin* und dein ruhender *Seelen-Hort,* in dem sich alle *Seelenflüsse* deiner Gefühls-Wahrnehmungen einfinden, um sich in Liebe und Licht zu transformieren. *Aus kosmischem Ur-Licht und Wasser von Gott geboren*, durchströme ich alle Gefühle und Emotionen und kläre sie bis zur *vollendeten* göttlichen Bewusstheit. Meine Devise, die meinem tiefsten Inneren *allein* entspricht, lautet: *Handeln im Nichthandeln. Sie gibt dir die ewige Weisung, geduldig und gelassen durch Vertrauen, Hingabe und Mitgefühl mit Allem-Was-Ist in deinem Leben froh, einsichtsvoll und frei, nach deinen Wünschen, zu agieren.* Verbunden mit der Weisheit der Ahnen, schwingend im Ozean der göttlichen Vollkommenheit, dessen Essenz das Ur-Vertrauen des Universums in sich birgt, durchwirke ich dein ganzes Sein. *Alle Gedanken- und Emotionsströme erleuchte ich mit göttlicher Inspiration. Sprich deshalb mit mir...*

Ursachen und Entstehen eines ev. Krankheits-Bildes sind u.a.: *Partnerschafts-Probleme aller Art, auch hinsichtlich der Partnerschaft mit sich selbst; sich selbst überfordern;* zu viel erreichen wollen; *ist stets mit sich unzufrieden;* sich nicht gut genug fühlen; kein Vertrauen in die eigene Stärke; sieht sich klein: ist Kind und deshalb schwach; ist schnell beleidigt, sauer, ärgerlich; unterdrückte Wut; Trauer über Verluste; Überreaktionen; Enttäuschungen; *Versagens-Gefühle;* überkritisch; übermäßiger Druck; eigene und falsche Scham; *Leichtigkeit* fehlt; hängt an Vergangenheit fest und grämt sich; sieht überall nur Probleme; das Gefühl, nie das Richtige zu tun oder getan zu haben; *Angst vor Neuem, hält am Alten fest;* schaut seine Gefühle nicht an; *lässt Gefühle nicht zu.*

Heil-Affirmation: *Alles in meinem Leben geschieht in Leichtigkeit, Geduld und Ruhe. Ich Bin genial und mache alles richtig. Ich lasse Altes liebevoll los und freue mich über Neues. Danke.*

21. Ich bin der Engel deines Dünndarms: *Ich bin die alles lenkende Wächterin in deinem Bauch* und meine Energie-Fäden umspinnen *netzartig* dein *Darmsystem.* Diese *Signal*-Energie-Fäden sind *verwoben* mit Gefühlen und Emotionen und erzeugen ein lichtvoll-freudvolles oder dunkles-flaues *Ahnen in deinem Bauch: So bestärke oder warne ich bei lebenswichtigen Fragen: sinnvoll-wissend oder weise dabei auf Gefahren hin.* Unentwegt neutralisiere ich auch die Säuren deiner aufgenommenen Nahrung in Basen, unterstütze damit kraftvoll deine *Immun-Abwehr.* Ich erledige wichtige von meinen Enzymen gesteuerte Verdauungs-Abläufe, indem ich Nützliches vom Unnötigen *trenne:* zerlege dazu die Nahrung in einzelne Bausteine und *nähre* damit die Blutzellen. Ich arbeite Hand in Hand mit dem Dickdarm, der meine aufbereiteten Nahrungs-Elemente *weiter verwertet. Meine Sprache ist dir bekannt:* Ein *wohliges* Strömen zeigt dir Freude und gutes Gelingen an, ein ungutes, flaues, angstvolles Gefühl spricht dir von *Vorsicht* und Belastungen. Durch Verbinden und Verweben meines lichtvollen Netzes mit deiner *Seelen-Weisheit* transformiere ich erfolgreich Ängste und Schwierigkeiten und verhelfe dir dazu, eine *strahlende* Persönlichkeit voller Selbstachtung zu sein. *Durch mich kannst du Probleme erfolgreich überwinden, um dann die Schönheit allen göttlichen Seins zu sehen...*

Ursachen und Entstehen eines ev. Krankheits-Bildes sind u.a.: Leben als zu *schwer* empfinden; Altes festhalten; Stress aller Art; *eigene Persönlichkeit verneinen*, nicht zulassen oder nicht finden können; tief- und festsitzende *Ängste aller Art; findet keinen Frieden* mit sich und der Welt; kann den Lebensweg – angstvoll – nicht sehen und gehen; sich selbst – andere – *nicht annehmen*; kann nichts verdauen – im Sinne von Erkennen oder Wahrnehmen; *kann nicht loslassen;* ist *freudlos,* traurig; *Leichtigkeit* und Gelassenheit fehlen; keine *Selbstachtung;* Zuneigung jedweder Art fällt schwer.

Heil-Affirmation: *Freudvoll und leicht verdaue ich alles im Leben, was mich berührt. Ich bin sicher und lasse liebevoll die Vergangenheit los. Ich liebe mich. Danke.*

22. Ich bin der Engel deines Dickdarms: *In inniger Umarmung sind wir, die zwei Engel* deines Verdauungstraktes, Dünndarm und Dickdarm, *verbunden.* An *letzter Station* deines reinigenden Körpersystems fallen uns *wesentliche Aufgaben* zu: im *materiellen* wie auch *geistigen* Bereich. Kraftvoll *bündel und verdichte* ich alle Materie und ziehe Spurenelemente und Mineralstoffe heraus, um Aminosäuren und Vitamine zu gewinnen, die ich dann in die Blutbahnen schleuse. Auch *fördere* ich deinen Lymphabfluss: So steuere ich deinen *materiellen Bio-Haushalt* und errichte die lichtvolle Darmflora, die als wichtigste *Barriere* und Abwehrschranke dient, um Bakterien und Krankheiten aufzuhalten. Hinsichtlich des *Geistigen* konzentriere und reduziere ich alles auf das Wesentliche: was sich in Emotionen und Gedanken über *Werte und Besitz* darstellt. Dabei ziehe ich das *Wichtige* aus dem Vorhandenen und lasse *Unwichtiges* einfach *los.* In dem mir *eigenen Rhythmus* nehme ich die Nahrung auf, konzentriere und zentriere diese und lasse nicht mehr Verwertbares los. Reiche *materielle Fülle* und Überfluss, wie geistigen *inneren Reichtum, Kompetenz und Präsenz,* gebäre ich so unentwegt. *Universelle Fülle, allzeit gespeist aus göttlichem Ur-Vertrauen, schenkt hier Sicherheit...*

Ursachen und Entstehen eines ev. Krankheits-Bildes sind u.a.: kann sich nicht von der Vergangenheit und Vergangenem lösen; *verwirrte Gedanken* und Lebenseinstellungen; hemmende Gedanken; ein- und begrenzende, einschränkende, enge Gedanken; alles erscheint undurchsichtig, verschleiert (verschleimt), weil Verstand überhandnimmt; verdrängte Seelenweisheit; verdrängte klare, weise Gedanken; zu schwer, müde (des Lebens), traurig; verdrängte Ängste; freudlos und ohne Frieden im Jetzt*; sammelt alles Negative an:* Stress, Ärger, Wut, Druck, Trauer usw.; kann Wichtiges nicht von Unwichtigem *trennen* – ist überfordert; lässt sich zu leicht vereinnahmen; kein Ur-Vertrauen; schwache Persönlichkeit; Unsicherheits-Gefühle.

Heil-*Affirmation*: *Ich lasse liebevoll Vergangenes los. Klar, frei und bewusst gehe ich durchs Leben. Frieden und Freude begleiten mich. Danke.*

23. *Ich bin der Engel deiner Hüften:* Ich hüte sorgsam deine *zwei* Hüften und wir tragen dich – *gemeinsam* – durch dein irdisches Leben. *Beweglich* nach allen Seiten, Tiefen und Höhen sind wir Dreh- und Angelpunkt in dir und *stabilisieren* den Körper, *richten* ihn auf und aus. *Meine Mitte markiert so deine Erden-Basis*; deinen inneren *Zentrierungspunkt.* Hier fasse ich alle deine Sehnen, Muskeln und Gelenke zusammen und lenke alle deine Bewegungen *präzise und exakt.* Im *geistigen Sinne generiere* ich aus meinen Antriebskräften lichtvolle Energien und stelle sie dir zur Verfügung, um alle deine Vorhaben und Ziele umzusetzen und zu erreichen: deine Wünsche, Vorstellungen, aber auch alle nur erdenklichen Wege zu gehen und an jeglichen Ort zu gelangen. Als *Zentrum deiner Mobilität* schwinge ich, entsprechend deiner Atemströme, *wellenartig,* nicht nur *in dir,* um die innere Balance zu erhalten, sondern auch nach *außen,* um entschlossen Widerstände zu bewältigen. *Ich wirke für dich als sanfter Impuls-Geber, um deine neuen Ideen in die Welt zu bringen...*

Ursachen und Entstehen eines ev. Krankheits-Bildes sind u.a.:
kein Gleichklang, *kein* Gleichgewicht – mit allem und jedem; Angst davor, Entscheidungen zu treffen, sie voranzubringen; kein *Weitergehen;* unentschlossen, kraftlos im Leben agieren; keine Freude, keine *Leichtigkeit* im Vorwärtsgehen oder beim *Treffen* von Entscheidungen; traut sich nicht; unbeweglich in jedweder Form – starr; kann sich nicht zentrieren; keine Mobilität; kann Widerstände nicht bewältigen.

Heil-Affirmation: *Ich bin im Gleichgewicht. Ich bin vollkommen. Ich gehe freudvoll und frei. Ich lenke in Leichtigkeit alle meine Wege. Danke.*

24. Ich bin der Engel deiner Blase: Und ich bin dein *Lichtwesen des Loslassens* und mein inneres Fließen erschafft dir Stärke und Klarheit in allen Belangen des Lebens: denn ich *entscheide* und steuere das Zurückhalten oder Loslassen. Ich bin wichtiger *Mittelpunkt* und *Zentrale* allen Fließens in dir. Alle Energien strömen durch mich und erhalten und untermauern jegliche Abwehrkräfte und wehren schädliche Einflüsse ab. Ich *kontrolliere* deinen ganzheitlichen Wärmefluss von Kopf bis Fuß und schenke dir ein wohliges Lebensgefühl. Ich erzeuge dadurch auch ein Bewusstsein der *Grenzenlosigkeit* und fördere dein Wissen, dass allein du es bist, der Grenzen erschafft oder gelten lässt. Auf geistiger, seelischer Ebene verbinde ich alle Abwehrleistungen miteinander und stabilisiere so dein gesamtes Körpergefühl: woraus für dich Vertrauen, Glaube, Selbstwert und Gleichklang erwächst. *Lebe deshalb Mitgefühl und Selbstliebe, indem du alle Grenzen und Druck löst…*

Ursachen und Entstehen eines ev. Krankheits-Bildes sind u.a.:
Ängste; Druck jedweder Art und Weise; Unsicherheit; Zorn; Wut; Ärger; kein Selbstwert; Selbstachtung fehlt oder wird hintangestellt; fühlt sich schwach; denkt: Ich leiste nicht genug; *zu viel Kontrolle bei allem;* zu hart zu sich und anderen; dem Lebensfluss wird nicht vertraut; schwierige Gefühlswelt; ist verärgert, sauer; hält fest an Altem, alten Vorstellungen. Macht Vorwürfe, sich und anderen.

Heil-Affirmation: Ich lasse freudvoll allen Druck und Altes gehen. Alles in meinem Leben ist leicht, sicher und wundervoll. Danke.

25. Ich bin der Engel der weiblichen Geschlechtsorgane, Gebärmutter – Eierstöcke – Vagina: Als *zarte Blüten des Eros* schenken wir in jungen Jahren sanfte und leise Empfindungen und wohlige Schauer. Es ist die *kreative Grundkraft*, der weibliche *Mondpuls*, der die erste Weiblichkeit anzeigt. *Entfalten die Blüten alle Kräfte* durch unsere sanften Impulse, so beginnt fließend die Zeit der Pubertät; und diese gleitet allmählich in das Frau-Sein und eine *sich* ihrer selbst bewusste Sexualität. Erwachendes erotisches Begehren und tiefes Verlangen, aus dem Herz entspringend, begleiten diese Entwicklungs-Phase der LiebesKräfte eines weiblichen Körpers. *Hormone* formend und ausschüttend öffnen wir für dich die Tore zum Meer der Liebesfähigkeit und *senden* unentwegt, *Gezeiten-Rhythmen* folgend, Lebensimpulse der wahren Bestimmung auf Erden. Wir eröffnen göttliche Schöpferkraft, welche, durch die *Mondkraft* manifestiert, Leben erschafft und so dem universellen Schöpfungsprinzip folgt: Liebevoll gelebte weibliche *Identität* findet sich so in Kreativität wieder. *Freudvoll und achtvoll*, Angekommen-sein im eigenen Körper und *lustvoller Sexualität*, Rückbesinnung auf den nährenden, empfangenden *Gott-Ur-Aspekt* alles Weiblichen und *Mutterschaft*, untermauern dann lichtvoll die *ewige* kosmische Bewegung von Kommen und Gehen – welches wir fortwährend fördern. In der *Tiefe der Seele* und offenem Herzen dem Mann zu begegnen, *krönt* dann die evolutionäre Bestimmung der Frau. *So sei bewusst und wahr zu Hause in deiner kreativen Sexualität, um glücklich zu sein...*

Ursachen und Entstehen eines ev. Krankheits-Bildes sind u.a.:
Ablehnung der Sexualität – der Weiblichkeit – der Körperlichkeit; Wahrhaftigkeit des göttlichen Prinzips der Sexualität nicht annehmen, nicht anerkennen; Selbstverleugnung; feminines Prinzip wird verweigert; Sexualität – oder sich selbst – als unrein empfinden; Ängste; Frust, Verleugnung, Verweigerung oder kein Lustempfinden; ev. schwierige Vater-Beziehung oder Verletzungen durch Partner/Män-

ner; kreatives Schaffen fehlt oder wird unterbunden; Mutterschaft wird nicht angenommen: Verletzung durch Mutter oder selbst keine Mutter erlebt; gefühlloser Partner an der Seite; fühlt sich nicht schön oder fraulich.

Heil-Affirmation: Ich liebe meinen wundervoll-weiblichen Körper. Ich liebe meine Sexualität. Dabei bin ich freudvoll, kreativ und frei. Danke

26. Ich bin der Engel der männlichen Geschlechtsorgane, Penis – Hoden – Prostata: *Ich bin Lenker und Hüter der männlichen Sexualität* und als zarte Knospen in jungen Jahren schenken wir sanfte und leise Empfindungen und wohlige Schauer. Es ist die körperliche *kreative Grundkraft,* die durch von uns *geformte* Hormone den männlichen *Eros* fördert. *Wellenartige* Impulse bewirken durch die Mehrung der Hormone das langsame Erwachen männlicher Sexualität. Beginnend noch zaghaft und unerkannt, steigert sich das Lustempfinden durch mein Zutun; vom ersten, noch irritierenden, aber durchaus lustvollen Samenerguss hin bis zur vollendeten, kreativen, liebevoll-süßen Vereinigung mit dem Weiblichen begleite ich dich, damit du deiner evolutionären Bestimmung, Leben zu erschaffen, nachkommen kannst. Dabei steigert sich für dich, mehr und mehr, die Tiefe des Erwachens in die Süße gelebter Männlichkeit. Vom Herz erweckt, zeigt sich alsdann dem Mann seelengleich die Schönheit der Weiblichkeit und durch offensiv-kreativ gelebte Sexualität drängt schöpferische Urkraft in ihrer ganzen Mächtigkeit ins Leben. Schenkt Leben. *Hingebungsvolle, freudvolle, aber auch sexuelle Liebe zu entwickeln und zu leben, ist Wunsch und Aufgabe des universellen maskulinen Prinzips der Männlichkeit...*

Ursachen und Entstehen eines ev. Krankheits-Bildes sind u.a.: Ablehnung der Sexualität: findet sie u.U. schmutzig, auch andere diverse Gründe möglich; schwieriges, wutbesetztes Frauen-Bild: die Hexe, die Schlechte, die Verruchte usw.; kann nicht zu sich selbst stehen oder sich der eigenen Stärke bewusst werden oder sein; keine Kreativität; findet sich nicht männlich; findet sich nicht gut oder gut aussehend; findet sich nicht genug leistungsfähig (als Mann); Schwäche; Wut; Ärger; Ängste; Trauer; Frust; Überarbeitung; Selbstverleugnung; schwieriges Vater/Mann-Bild; lehnt Vaterschaft ab.

Heil-Affirmation: Ich liebe mich und meine Männlichkeit. Ich liebe meine Sexualität. Dabei bin ich gut, kreativ und frei. Danke.

27. *Ich bin der Engel deiner Hände:* Kraftvoll und bewusst packen wir zu, um irdisches Leben zu *ermöglichen.* Wir nehmen an und lassen los, richten, regeln, stützen und pflegen. Als zwei verschiedene Bewusstsein-Ausübende sind wir zwar *Zwillinge,* doch unsere Aufgaben sind *nicht* die gleichen. Links agiere ich für dich, um Geist zu *fühlen* und alle Dinge des Lebens *anzunehmen.* Rechts agiere ich, um dichte Materie zu *lenken* und alle Dinge des Lebens zu *geben.* So halte ich *Balance und verflechte* alles, was ist, in deinem Sein, sowohl geistig wie auch materiell: denn alle Gedanken und Gefühle empfinden wir sofort und präzise und *speichern* sie in *beiden Welten.* Wir setzen *geistige* Energien und Ideen in die *Tat* um und *übersetzen* die Botschaften deiner bereits erschaffenen Wirklichkeiten in die *Sprache des Geistes.* So *verknüpfen* wir die Beziehungen… zu und Erfahrungen… über allem Lebendigen zu einem lichtvollen Netz, in das wir *dich* und deinen *Geist* liebevoll *einbinden.* So lassen wir dich tun, was möglich und nötig ist. So geben wir wichtigen Halt, der dich wie deine Welt allzeit wundervoll *umfangen* hält. *Wir dienen Allem-Was-Ist mit der Leichtigkeit unserer Bewegungen, die alle Energien für ein gelungenes Spiel des Lebens genial bündeln…*

Ursachen und Entstehen eines ev. Krankheits-Bildes sind u.a.:
Insgesamt: Kraftlosigkeit: Mutlosigkeit; Schwäche; kann nichts umsetzen; kann nichts anpacken, zufassen; fühlt sich nicht sicher; kann *keine* Richtungsänderung/Veränderungen vornehmen; keine Leichtigkeit im Tun; tatenlos; ruhelos; unsicher; träge durch negative Gedanken; blockiert durch Angst, etwas/alles falsch zu machen; kann Wichtiges nicht festhalten, nicht halten, nicht stützen. Kann nichts erfahren, mit Erfahrungen umgehen.

Linke Hand: kann nichts für sich beanspruchen; kann nichts annehmen/empfangen; hält sich für wertlos, ungenügend; kann keine Liebe annehmen; kraftlos; *kann sich nichts nehmen.*

Rechte Hand: kann nichts geben, aus Angst, selbst nichts zu haben, oder *gibt zu viel,* weil Selbstwert fehlt; arbeitet, bewegt zu viel; kein Loslassen von Überholtem; keine Leichtigkeit; kann Freigiebigkeit nicht entfalten: Geiz durch Gefühl von Armut.

Heil-Affirmation: Ich umarme und halte in Liebe mich selbst und die Welt. In Leichtigkeit und Frieden schwinge ich sicher im Fluss aller Wandlungen. Danke.

28. Ich bin der Engel deiner Knie: Im *Doppel* erschaffen, schenken wir deinem Körper *Balance und Standkraft;* gleichen Schwankungen im irdischen *Schwerefeld* aus und bieten dir eine *sichere* Flexibilität. Unsere federnde Spannkraft überträgt alle aufsteigenden Kräfte von Mutter Erde in die Wirbelsäule, *um dir hilfreich zu dienen:* Wege von Licht und Schatten in Leichtigkeit, Spontaneität und Wahrheit zu gehen, Wandlungen und Veränderungen anzunehmen, durchzusetzen und umzusetzen. *Aufrecht gehen,* elegant durchs Leben *tanzen,* aber auch stabile und ausdauernde Bewegungen sind unsere Kraft, die deinem irdischen Sein *Nachdruck* verleiht. Das *wechselnde Spiel* von Beugen und Strecken verleiht dir lichtvolle Würde und verhilft, die Bürden des Lebens zu *meistern.* Wobei das Beugen universelle Licht-Liebe-Impulse *stützt* und das Strecken irdische Verwirklichungen *manifestiert. Wisse, unser Rhythmus sichert das bewusste Gefüge der Welt…*

Ursachen und Entstehen eines ev. Krankheits-Bildes sind u.a.:
findet keinen Stand/Halt in der Welt/Leben; Unsicherheiten aller Art; kann oder will nicht vorwärtsgehen; unflexibel; unbeugsam; verbohrt; unbeweglich; unnachgiebig; schwerfällig; *nicht änderungsfreudig;* falscher Stolz; eng; stur; egoistisch im Sinne des Verstandes-Egos, niederen Egos; Ängste aller Art; kann nicht vergeben/nachgeben; kein Mitgefühl; keine Leichtigkeit; sieht gerne/lieber alles schwarz; kein oder wenig Vertrauen in sich selbst oder göttliche Führung oder Seele.

Heil-Affirmation: Leicht, freudvoll und sicher gehe ich durch mein Leben. Liebevoll beuge ich meine Knie, denn ich bin immer göttlich geführt und geschützt. Alles ist gut. Danke.

29. Ich bin der Engel deiner Füße: Wir lenken *gemeinsam* dein Gehen, Stehen und Laufen. Wir geben dir dabei *Stabilität* und richten dich präzise aus, um das irdische Schwerkraftfeld zu meistern. Unsere *geistigen Wurzeln* reichen bis tief hinab in das *kristalline Herz* von Mutter Erde und hinaus zur universellen *Weltenseele* und befördern unentwegt deren Licht-Kraft und liebevolle Nahrung in dein ganzes irdisches Sein. *Sicherheit* und *Standfestigkeit* in allen Stürmen des Lebens ist unser *Geschenk* an dich. Räume weise erobernd, schreiten wir unentwegt vorwärts, um alle Ziele des Seelenplans zu erreichen: wobei die Geschwindigkeit im Verbund mit der Seele erfüllt wird. Meldet der Verstand hier Einwände, so stehen wir still, damit du dann erkennen kannst, dass unsere tiefen Wurzeln zur göttlichen All-Weisheit immer die einzig-wahre Richtung angeben und angaben und jeder Schritt wohl *noch erforderliche* Erfahrungen ermöglichte, ein *Ankommen allerdings stets außer Frage* stand! *Denn immer, seit Anbeginn der Zeit, bist du bereits am Ziel. Vertraue…*

Ursachen und Entstehen eines ev. Krankheits-Bildes sind u.a.: Kein Vertrauen in die eigenen Stärken; sieht sich nicht als universeller Schöpfer; gehemmt; traurig; unsicher; kann nicht ruhig und gelassen in die Zukunft sehen oder gehen; findet keinen Halt; unflexibel; unbeweglich; schwerfällig; eng; stur; kann sein Leben – so – nicht weitergehen; Ängste aller Art; kein Vertrauen in göttliche Führung oder Seele; keine Leichtigkeit; keine freudige Beschwingtheit.

Linker Fuß: alle *seelischen* Belange im Leben betreffend.

Rechter Fuß: alle *irdischen* Belange im Leben betreffend.

Heil-Affirmation: *Ich gehe vertrauensvoll und frei durch mein Leben. Meine Füße tragen mich immer sicher und leicht an den richtigen Ort und ich begrüße freudvoll alle Wandlungen. Danke.*

30. Ich bin der Engel deiner Muskeln: und ich *umschließe* alle deine *Organe* mit verschiedenen, glatt- oder quergestreift geformten *Fasern,* um ihre *Funktionen* sicherzustellen. In *göttlich-genialer* Verbindung mit den Faszien, dem Bindegewebe, durchwirkt von Nerven und Blutgefäßen, diene ich deinem irdischen Sein in *vollkommener Symbiose.* Durch unentwegte Abfolge von *Anspannung* (Kontraktion) und *Entspannung* bedinge ich *Kraftgewinnung* und ermögliche Bewegung. *In stetigem Austausch mit deinen irdischen wie geistigen Sinneswahrnehmungen speichere ich – Leben übergreifend – alle Emotionen und Gefühle in meinem geistigen Zell-Bewusstsein.* Unendlich biegsam, anschmiegsam und durch elektrische Impulse des Gehirns und des Rückenmarks gelenkt, bin ich *Auslöser* und Basis *jedweder* aktiven Fortbewegung und Gestaltveränderung. Mein *universelles* Bestreben ist es, dein Leben, deine Bewegungen in *alle Richtungen* zu stützen und Widerstände zu überwinden: um *Erfahrenes* in Weisheit zu *erleuchten. Liebevoll lenke ich alle Strukturen deines Organismus, damit du das Sein verstehst…*

Ursachen und Entstehen eines ev. Krankheits-Bildes sind u.a.: *Ablehnen neuer Sichtweisen;* festhalten an Altem, überholten *Mustern* und Strukturen; *verhärtete,* verkrampfte Gedanken; negative und dunkle Gedanken; Ängste aller Art; *Widerstände* gegen jegliche Neuerungen; Schwere; Unbeweglichkeit; Starrheit; unflexibel; unbeugsam; sauer; immer ärgerlich; schwerfällig; unsicher.

Heil-Affirmation: *Leicht und frei tanze ich durch mein Leben und nehme alle Neuerungen in Freude an. Danke.*

31. Ich bin der Engel deines Bindegewebes: Als dein *größtes Organ* umhülle und durchdringe ich dich wie ein Netzwerk, deinen gesamten Körper: alle deine Organe, Knochen, Muskeln, Gefäße, auch alles andere. Mein faseriges Netz ist sehr elastisch, manchmal dicht und straff, manchmal zart und fein wie *Spitzengewebe.* So bin ich der *Architekt* eines gesunden, *schönen Körpers:* der auf Erden Licht und Heil sucht und erfahren will. Meine pulsierenden Lichtströme durchfluten alles, *was du bist,* nähren deine Zellen und behüten ihren Raum. Ich heile alle Verletzungen und schließe heilend deine Wunden, sodass du Lebensfreude finden kannst und Schwierigkeiten in Ausgleich kommen. So wandle ich Begrenzungen in sinnvolle Fähigkeiten, die dich erkennen lassen, dass Alles-Was-Ist nur in liebevoll-toleranter Beziehung *bestehen* kann. Anpassungsfähig, wie ich bin, nehme ich fortwährend Veränderungen und Neugestaltungen vor: entsprechend deinen geistigen Impulsen, die mich unentwegt durchwirken. *Feinfühlig,* wie ich bin, übermittle ich dir unentwegt tiefe Empfindungen, um dich schützend auf deinem Weg ins Licht zu behüten. *So schütze auch du mich, indem du mich durch gesunde Bewegung pflegst...*

Ursachen und Entstehen eines ev. Krankheits-Bildes sind u.a.: Unbeweglichkeit; *Starrheit;* Angst; *verhärtete,* verkrampfte, negative Gedanken; unflexibel; schwer; übermäßiger seelischer Druck; direkte (irdische) Druckeinwirkung; übermäßiger oder lang anhaltender Stress. *Zu wenig sinnvolle und entspannende Bewegung:* Yoga, Tai-Chi, Massagen, vor allem Schwimmen und ruhevolle Spaziergänge.

Alle genannten Ursachen erzeugen eine übermäßige Anspannung, wodurch dann kleine Risse, Entzündungen, Verhärtungen, Verfilzungen, Verklebungen im Gewebe entstehen!

Heil-Affirmation: *Ich vertraue dem Leben und meiner Seelen-Führung. Ich schwinge allzeit in Gelassenheit, Leichtigkeit und Freude. Danke.*

32. Ich bin der Engel deines vegetativen Nervensystems: Wie ein *kristallines* Spinnennetz umhülle, durchwirke und bin ich *verwoben* mit allem, was du bist. Meine Licht- wie Materie-Fäden sind um ein Vielfaches *feiner* als ein Haar. In verschiedenen autarken Systemen vorhanden, erhalte und reguliere ich deine gesamten lebenswichtigen Körperabläufe und *steuere alle Emotionen,* Gefühle und *löse,* in Rückkoppelung mit deiner Seele, *Verhalten aus.* So verbinde ich für dich unentwegt Körper, Geist und Seele und mache Wege frei. Meine angepassten wie unangepassten Regelkreise sorgen für die Aufrechterhaltung eines *wohligen inneren Milieus,* woraus Lebensmut und Lebensweisheit entspringen kann. Um deine Vitalfunktionen in universellem *Gleichklang* zu halten, kontrolliere ich unentwegt alle Vorgänge; sondiere in *leistungsfördernde* Aktivität und *erholungsfördernde* Inaktivität. Um lichtvolles, *beschwingtes Sein* zu schenken, verarbeite ich subtil und sanft im Austausch mit dem Gehirn alle *gefühlsmäßigen Aspekte* des Alltags mental, in *Träumen. Meine liebevollen Anreize und weisen Impulse dienen deiner Reise ins Licht...*

Ursachen und Entstehen eines ev. Krankheits-Bildes sind u.a.: *Überreizung durch Informationsflut;* Hetze; Stress; Überbeanspruchung; Überarbeitung; negative, schwere Gedanken; *jedweder Druck;* Unruhe; Trauer; Furcht; Ärger; Angst; Kampf; Gelassenheit fehlt; stetige *Anspannung;* zu kritisch; unsicher; *kann nicht* oder nicht gut locker, weich, sanft kommunizieren; traut sich nicht; traut dem Lebensfluss nicht; kann nicht *fließen lassen; lässt Herzensweisheit nicht zu;* zu egozentrisch – zu ich bezogen; fühlt sich nicht; Schuldzuweisungen – eigene und andere.

Heil-Affirmation: *Ich reise in Leichtigkeit, Gelassenheit und offenem Herzen durchs Weltengefüge. In Liebe und Freude kommuniziere ich mit mir – und allem. Alles ist gut und sicher. Danke.*

Geliebte Kinder des Lichtes, am Ende spricht nun – etwas *umfangreicher* – noch ein sehr *wichtiger Engel* zu euch: der Engel eurer *Wirbelsäule.* Denn sie trägt *nicht* nur euch, euren Körper, sondern auch *alle* eure *Empfindungen* und *Gefühle* in der Gesamtheit – noch einmal – in sich. Sie gibt euch deshalb sehr viele Zeichen: was oder wie ihr euch, euer Leben verstehen und behutsam – mittels Affirmationen und Handlungen – zum Guten ändern könnt!

33. Ich bin der Engel deiner Wirbelsäule: *Ich bin dein Baum des Lebens in DIR. Ich richte Alles-Was-Du-Bist auf und aus; bin deine Stabilität im Leben. Ich hüte alle Energie-Ströme und Nervenstränge, um so unentwegt dein Energie-Niveau zu erhellen und zu erheben. Meine Energie-Äste strecke ich lichtbündelnd weit hinaus über deine Lichtkörper und dein gesamtes Körper-System, um alle kosmischen Licht-Impulse zu empfangen und für dich zu steuern.*

So wie *Yggdrasil,* der *Weltenbaum, der* alle geistigen und irdischen Welten *verbindet,* vereint und wahre Erkenntnis aufzeigt, so *verbinde* ich alle *feinstofflichen* und *grobstofflichen* Energie-Ströme *in dir;* lasse sie licht- und liebevoll fließen von oben nach unten und von unten nach oben, sodass sich in *deiner Mitte* der Lebensfluss aus dem kristallinen Herzen der *Mutter Erde* mit dem strahlenden *Opal-Seins-Licht* aller Vollkommenheit der *Urquelle, Gott,* in dir *vereint.* Tief und fest liebevoll-verwurzelt nach unten, lichtvoll verbunden nach oben, ist dir dadurch *flexible* Bewegung geschenkt, um den *Stürmen* des Lebens zu begegnen: in freier Entscheidung, bewusster Haltung und weisem Tun, um *Veränderungen* zu verstehen und anzunehmen. *Alle* deine Organe und Gewebe sind mit mir heilbringend verbunden. Die in mir gespeicherten geistigen, seelischen Energien werden durch deine irdischen Wahrnehmungen und Gefühle positiv oder negativ *geführt* und auch *beeinträchtigt:* das betrifft des Weiteren alle deine Organe. *Hüte und höre mich also mit Hingabe und mit angstfrei geöffnetem Herzen...*

Ursachen und Entstehen eines ev. Krankheits-Bildes sind u.a.: Oberer Bereich – Halswirbelsäule: nicht in der Mitte sein; Angst; Verwirrung; Stress; Groll; Wut; Unentschlossenheit; Schuldgefühle; Opfer sein; Herzensweisheit leugnen; Spiritualität will *nicht* verstanden werden, wird kein *Raum* gegeben; Verbitterung; gestaute Gefühle und Emotionen; unterdrückte Wut; stellt sich nicht dem Leben; kann sich nicht ausdrücken; mutlos; traurig; unsicher; glaubt nicht an sich; läuft vor dem Alltag/Leben davon; Minderwertigkeitsgefühle; Unausgeglichenheit in allen Lebenslagen; zurückgehaltene Tränen; lässt sich demütigen: hat Angst davor, wird unsicher; kann nichts dagegensetzen; macht sich selbst schlecht; *alles* ist zu viel, überlastet; nicht flexibel; lässt das *Gute* in sich selbst nicht zu. **Hauptthema:** *Hier trage ich die (diversen) Lasten des Lebens...*

Heil-Affirmation: *Liebevoll, frei und sicher schwinge ich in meiner Mitte. Ich vertraue mir, meinem Wahren Ich, und berühre im Leben alles in Liebe und Leichtigkeit. Danke.*

Mittlerer Bereich – Brustwirbel:

überfordert und überlastet im Alltag (das schaffe ich nicht); sieht sich und andere immer negativ; nicht flexibel; ist hilflos; allerlei Lebensängste – fühlt sich im Stich gelassen; Verlassenheitsgefühle; keiner liebt mich; alter Schmerz, tiefe alte Verletzungen werden *nicht losgelassen*; nimmt das Leben nicht an; will/kann nicht fühlen, *Verstand regiert*; *Herz wird verschlossen*; frustriert; verbittert; verurteilt schnell; Wut auf alles; weist andere fortwährend auf Fehler hin, macht Vorwürfe; alles ist zu viel; inneres Chaos, Emotionen werden nicht wahrgenommen, nicht verarbeitet; gestaute Gefühle; diverse Sorgen; Ohnmachtsgefühle; kann nicht genießen; will keine Verantwortung übernehmen; kann sich nicht mitteilen; alles macht Angst; kommt heftig in Wut, Rage; Hartherzigkeit; übertriebene Härte gegen alles; Gefühle von Wertlosigkeit; Beziehungsängste;

Hauptthema: Alles, was mit Familie zu tun hat…

Heil-Affirmation: Ich akzeptiere in Liebe mich und mein Leben. Friede, Freude, Leichtigkeit und Versöhnung für alles schwingen weise in meinem Herzen: Alles ist wundervoll.

Unterer Bereich – Lendenwirbel:

Unsicherheiten aller Art – vor allem im *Bereich Geld*, Erfolg, Finanzen; Probleme mit der Karriere; nicht bestehen können im Alltag; das Gefühl, schwach, gehindert zu sein; keinen Ausweg sehen; kann den Weg nicht gehen; Ohnmacht und Opfergefühle; Angst vor dem Scheitern; Gefühle von Ausgeliefert-sein; Machtlosigkeit; kann sich schwer ausdrücken; oftmals festsitzende, verbohrte Wut auf…?; ist unfähig, mit anderen (licht- und liebevoll) zu kommunizieren; schreit nach jeglicher Liebe; Schwierigkeiten mit Sexualität; unfähig, dabei Lust/Freude zu empfinden; tiefsitzender Schmerz und Traumata wegen sexuellen Missbrauchs; Schuldgefühle und Selbsthass; diverse Verletzungen und Schmerzen aus Kindheit; Angst vorm Allein-sein; *Zukunftsängste;* kein inneres Gleichgewicht; Selbstvorwürfe; festhalten an Altem und allem; kann alten Schmerz nicht loslassen.

Hauptthema: Lebens- und Überlebensangst. Alles, was mit (fehlendem) Geld und Karriere zu tun hat…

*Heil-Affirmation – **Ohnmacht- und Macht-Probleme:*** *Ich Bin jetzt und hier der bewusste Schöpfer meines Lebens und erschaffe alles in Liebe, Weisheit und Verantwortung. Alle Kraft ist bei mir. Danke.*

*Heil-Affirmation – **Sexualität:*** *Ich liebe, achte und ehre mich und meinen Körper. Voller Freude und liebevoller Bereitschaft öffne ich mich der sexuellen Liebe.*

*Heil-Affirmation – **Missbrauch:*** *Engel sind immer bei mir und schützen mich. Ich gebe jetzt allen Schmerz und Angst in ihre Hände und danke für ihre auflösende und heilende Hilfe. Ich Bin frei. Ich Bin sicher. Ich Bin rein. Ich liebe mich.*
Dann geheilte Situation visualisieren: z.B. Engel halten ihre Hände und Flügel über mich und hüllen mich ein. Danken.

*Heil-Affirmation – **Geld-Karriere:*** *Ich Bin erfolgreich und anerkannt. In Liebe, Freude und Leichtigkeit löse ich jetzt meine alten Begrenzungen auf. Ein reicher, universeller Geldfluss ist Wahrheit und Basis meiner Gegenwart. Danke.*

*Heil-Affirmation für den **gesamten Körper:*** *Mein liebster Körper, ich danke dir aus tiefstem Herzen. Ich achte, ehre und liebe dich unendlich. Ich danke dir, Gott-Vater-Mutter-Kosmischer Geist, heilige Mutter Erde und allen Engeln. Danke.*

Liebste Kinder des Lichtes, wir Engel eurer Organe sprachen nun zu euch, um euch zu helfen, uns anders wahrzunehmen und zu verstehen. Wir zeigen euch Schwachstellen bzw. solche Zustände auf, die euch schaden könnten. So bitten wir euch, in Zukunft vielleicht achtsamer durchs Leben zu gehen und, wenn es euch manchmal nicht gut geht, uns anzurufen. Gerne unterstützen wir euch dann: damit Gesundheit und Lebenskraft stets bei euch sind. Wisst immer, dass unsere machtvolle Hingabe euer ist

und dass unsere tiefe Liebe euch auf allen Wegen begleitet und strahlende Quelle aller Gesundheit ist, war und sein wird. Im Namen Gottes.
Wir lieben und schützen euch ewig. In göttlichem Licht mit euch.

Die OrganEngel

Placebo „Selbstheilungskraft"

Geliebte Kinder des Lichtes, ihr alle habt schon von *Placebo* gehört. Placebo (*lat. ich werde gefallen*) bezeichnet im engeren Sinn ein *Schein-Arzneimittel*. Und ihr habt auch alle schon gehört, dass der Placebo-Effekt im *schulmedizinischen* Bereich umstritten ist: Placebo erzielt zwar *offensichtlich* große Erfolge, wobei die Art und Weise der Wirkung aber oftmals wissenschaftlich-objektiv nicht erklärbar und zu beweisen ist.

Placebo und Nocebo (= Gegenteil) erklären sich aber nicht durch Schein oder Zufall, sondern sind immer die Folge der Anwendung reiner *Schöpferkraft*, die *jeder* Mensch durch seine Gedanken *hervorbringen* kann!

Wer sich jedoch weiter hinauswagt, über die Grenzen des Verstandes, so wie es bei der Quanten-Physik der Fall war und ist, weiß sehr wohl, warum Placebo und das Gegenteil Nocebo immer wirkt… wirken muss!

Ihr alle wisst, dass das Schöpfer-Potenzial jedes Menschen, einer Seele, in der geistigen Kraft seiner Gedanken lebt und deshalb wirkt.

Und der Gedanke ist der Meister der Materie.
Und ein Gedanke ist = Licht = Energie.
Und Licht-Energie ist und lenkt alle Materie.

Durch Versuche eurer Forscher, bei denen Patienten – *die das allerdings nicht wussten* – Medikamente *ohne Wirkstoffe* verabreicht wurden und es *trotzdem* zu Heilungserfolgen führte, wurde *erkannt*, dass durch Gedanken, also durch die Erwartungshaltung des Patienten, Heilung erfolgte. Also: Der Patient *dachte*, die Medizin hilft durch das, *was sie enthält*, und begab sich so in *Erwartungshaltung*. Ebenso verhält es sich ja bei allen Heilanwendungen: je bewusster und kraftvoller die Erwartungshaltung ist, um so größer sind die Erfolge.

So wird die Heilung durch die Gedankenkraft erzielt oder unterstützt. Dies zeigt euch eindeutig, dass es bei Heilung immer auf die Art der Gedanken ankommt: denn sie steuern letztendlich alle eure Körperfunktionen und aktivieren den Selbstheilungsprozess.

Daher erklärt sich auch die Tatsache, dass bei *gleicher* Krankheit und *gleicher* Behandlung der eine gesund wird und ein anderer nicht. Dabei spielen natürlich vor allem eure *Suggestion* – Beeinflussung – durch *andere,* wie Werbung, Hinweise oder Vorgaben etc. – eine wichtige Rolle. Des Weiteren eure *Konditionierung, das sind* gelernte oder übernommene Muster, Denkansätze, Vorstellungen, Glaubenssätze, nach denen ihr euch richtet; und dann in letzter Konsequenz *karmische Aspekte* – sowie *vorhandener* oder *fehlender* Schöpfermut und Schöpferkraft.

Im geistigen Heil-Bereich wirkt die Schöpferkraft der Gedanken theoretisch wie ein Placebo-Effekt. Hierbei werden positive Veränderungen des subjektiven Empfindens erreicht.

Diese bewusste, *also vom Menschen selbst ausgelöste,* wie (euch) unbewusste Gedankenkraft, *welche aus karmischen Gründen von der Seele direkt ausgelöst wird,* ist hierbei der präzise Motor: denn der Heiler *aktiviert* ja immer nur die Selbstheilungskräfte eines Menschen. Ob dies geschehen kann, entscheidet also immer der Mensch (Patient) selbst – und wie gesagt, bewusst (er selbst) oder unbewusst (seine Seele), die immer den karmischen Aspekten folgt.

Und je mehr dieser an Heilung glaubt, umso effektiver wirkt jede Anwendung oder jedes Medikament/Medizin. Dies funktioniert sogar bei Schein-Operationen.

Ebenso verhält es sich mit dem *Nocebo-Effekt,* nur im *umgekehrten Sinne.* Die *positive* Gedanken-Konditionierung des *Placebo-Effekts* durch positive Erwartungshaltung bringt also positive Heil-Erfolge. Die negative Gedanken-Konditionierung beim *Nocebo-Effekt* durch *negative Erwartungshaltung* erreicht immer negative Beeinflussung;

z.B. eine Verschlechterung oder *auch* das *Auslösen* einer Krankheit oder eines Umstandes. Die Symptome sind dabei immer eindeutig erkennbar und messbar. *Ihr nennt das auch die sich selbst erfüllende Prophezeiung.*

So wiederhole ich gerne die alles *heilenden Worte* der wichtigsten göttlichen Weisung für euch: *Achtet bitte stets auf eure Gedanken.* Denn sie allein manifestieren eben *alles,* im Himmel wie auf Erden.

Ich bitte euch, beachtet: Jedweder Heilungserfolg hängt und hing also immer davon ab, wie ihr darüber denkt oder einst dachtet. Denn die Erinnerungen alter Leben – wie Krankheit oder Schwäche von euch verstanden oder behandelt wurde – sind ja im Zellgedächtnis gespeichert, formten das Karma, und bedingen somit auch den jetzigen Gesundungs-Prozess.

Denkst oder dachtest du, ich bin oder werde gesund, oder aber, ich gebe oder gab auf… denn ich kann und konnte nicht glauben:

so wird… oder ist genau das geschehen. Und du weißt das!

Ich, Erzengel Raphael, frage dich hier, was denkst du denn selber darüber?

Kannst du das annehmen und somit deiner Seele vertrauen?

Ich sage dir, dein Körper wird tun, was du ihm liebevoll vermittelst… dank deiner Gedanken. Deine Seele wird dich hierbei mit aller göttlichen Macht unterstützen.

Denn das ist ihre Vision! Und somit deine!

Fühle bitte hier hinein.

Kannst du erkennen, dass allein du Lenker und Meister deiner Körperlichkeit wie deines Geistes bist… warst und immer sein wirst? Traue dich, es zu sein. Korrigiere alte Glaubenssätze. Jetzt sofort. Und denke – und erschaffe – nur das, was du dir wirklich wünschst.

Und das kann niemals Krankheit sein…

Eine Gesundheit fördernde oder erhaltende Affirmation wäre hier für dich und euch:

Ich bin allzeit gesund, glücklich, frei und Freude erfüllt mich und mein ganzes Sein, denn Engel schützen und führen mich.

Geliebte Kinder des Lichtes, ihr erkennt hierbei, dass es immer allein eure Entscheidung ist, gesund und somit glücklich durchs Leben zu gehen. Im Hier und Jetzt liegt eure ganze göttliche Macht – die ihr durch eure Gedanken erschafft, dann ausübt und anwendet. Egal, was bisher war und was geschah, in diesem Moment könnt ihr es sofort ändern. Was dann letztendlich auch Veränderung und Wandlung bewirkt! Bedenkt, dass ihr immer direkt über alle lichtvollen Verbindungen zu uns, zu eurer Höheren Selbst-Seele und zu Gott verfügt. Nutzt sie unentwegt, umso leichter, beschwingter und freudvoller wird es für euch sein. Euer Körper dankt es euch in jeder Sekunde…
Wir lieben euch sehr.

Erzengel Raphael und die Organ Engel

Deine höchste Heilkraft: *Selbstliebe*

Geliebtes Kind des Lichtes, Ich Bin Erzengel Raphael, der *Heiler Gottes,* und so will ich dir wichtige Hilfen geben: zur Prävention (Vorbeugung) oder aber zur Heilung. Dabei bitte ich dich, immer zu *bedenken,* dass es stets viele Dinge sind, die dazu beitragen, wieder ins Gleichgewicht zu kommen und wohlauf und gesund zu sein. Oder wieder zu werden. Darüber werde ich dir anschließend berichten.

Der wichtigste Aspekt jedoch ist die Selbstliebe. Deine Selbstliebe!

Sie ist und bleibt immer die *Grundbasis,* die Grundvoraussetzung, um Wohlsein und Gesundheit wieder zu erreichen oder zu erhalten! Deshalb solltest du hierbei *besonders* aufmerksam mit dir umgehen. Lese also in Ruhe und Gelassenheit dieses Kapitel. Vielleicht *vermerkst* du dir, was dir hierbei als Wichtigstes erscheint! Bist du geduldig und ehrlich mit dir, wird es dir sofort auffallen, was es denn ist. Allerdings sollten *alle* Punkte mit deiner gleichen Hingabe beachtet und bearbeitet werden!

Spreche ich von Selbstliebe, so sind viele verschiedene Punkte zu beachten:

1. Innere Schau: Arbeit mit dem inneren Kind
2. Äußere Schau: Seelenplan
3. Innerer Frieden: Zufriedenheit
4. Achtsamkeit
5. Wahrheit: Opferrolle
6. SchöpferTor: Gedanken
7. Absicht: Entscheidung
8. Bewegung: Tat
9. Eigenverantwortlichkeit
10. Dankbarkeit
11. Karma zulassen: Spiegel

12. Sichtweisen überdenken
13. Glaube: Gott IST in mir
14. Bedingungslose Liebe: für dich und alles

Und … Liebe, Liebe, Liebe!

1. Innere Schau: Dies ist das *erste*, geliebtes Kind des Lichtes, was du voller Liebe, Mitgefühl und Geduld *beginnen* solltest. Gönne dir dabei, um in *deine* Ruhe zu kommen – damit du dann dein Wahres Ich, welches auch dein Inneres Kind ist, wahrnehmen kannst – täglich mindestens 10–15 Minuten Stille. Dazu: Rufe *mich* an, oder höre entspannende Musik, eventuell eine Meditations-CD und konzentriere dich *nur* auf dich. Lausche dabei deinem Atem, so kommst du in deine Ruhe. *Übst* du das täglich, übst du auch Geduld mit dir selbst… und allem, indem du gelassener, langsamer, liebevoller handelst, wirst du bald deine *Innere Stimme* hören oder wahrnehmen: in Bildern, Gefühlen, Zeichen, Formen, Farben, Tönen. Denn *so* spricht deine Seele zu dir! *Und sie sagt dir immer alles, was gerade wichtig ist für dich, deshalb ist es wichtig, sie zu hören – um dich selbst, dein Wahres Ich, mit der Zeit zu verstehen. Also übe… übe… übe!*

Vor allem aber, geliebtes Kind des Lichtes, gehört die *Arbeit* mit dem *Inneren Kind* zur *Innenschau*. Dabei kannst du in der *Stille* dein Inneres Kind rufen. Lege dir deine Hände auf: über und unter den Nabel, verbinde dich mit mir. Rufe nun dein *Göttliches Kind*, das immer in dir lebt und das du immer bist, warst und sein wirst. Halte es in deinen geistigen Armen, lausche geduldig. Sprich dann mit ihm und frage es, wie es ihm geht? Fühle dabei seine Emotionen… welche *deine* sind! *Tröste* und *liebe* dann dein Inneres Kind und versprich ihm, seine Wünsche und Träume zu beachten, ja, sie zu *erfüllen!* Dann danke und verabschiede dich mit dem Versprechen, bald wieder für es da zu sein! Atme dich freudvoll wieder in deinen Alltag. *Ich bin* dabei immer mit dir: mit meinem Schutz, meiner Kraft und Gottes Liebe!

So allein bist du in Selbstliebe bereit, dich zu entfalten oder Heilung zuzulassen…

2. *Äußere Schau:* Durch diese, geliebtes Kind des Lichtes, kannst du einen sehr *klaren* Hinweis auf deinen selbstgewählten *Seelenplan* bekommen. Wie ich dir schon im Kapitel *Die Spiegel* erläuterte, wählst *du* alle Orte, Umstände und Menschen, um deinen göttlichen Plan *bestmöglich* in Licht und Liebe *umzusetzen*. Denn das ist Wunsch und *Vision* deiner Höheren Selbst-Seele. Deshalb bist du inkarniert *und hast dir natürlich alle Hilfen und Kräfte mitgebracht, um es auch zu erreichen!*

Solltest du irgendwelchen Mangel auf deinen Wegen der Erinnerung haben, so hast du deine Schöpfermacht und dein ICH-Bewusstsein noch nicht genug genützt. Denn für keine Seele auf Erden ist Mangel vorgesehen! Bitte glaube...

Siehst du dir also ehrlich, geduldig und in der Weisheit deines Herzens dein *Umfeld* an – Kontinent, Land, Stadt, Ort, sowie alle Umstände, Arbeit und Menschen, so kannst du ergründen, was es dir aufzeigen will. Dazu sieh dir liebevoll ihre Basis, sowie Grundessenz, Energien und Ziele aller Spiegel an, die dich umgeben. *Schließe daraus weise und mitfühlend auf dein Karma, welches immer deinem Seelenplan zugrunde liegt!* Denn immer wählst du jenes Spielfeld auf Erden – du weißt ja, dass das Leben ein himmlisches Spiel ist, bei dem jeder gewinnt! –, in und auf dem du dich objektiv und erfolgreich entfalten und so deinen Seelenplan zur *Vollendung* bringen kannst! Nimmst du alles in *Liebe* an, was du siehst, so wird dir das Leben ganz *Wunder...voll* und in Leichtigkeit gelingen. Bitte, vertraue dabei auf deine *Innere Führung*, die sich allerdings nur in der *Stille mitteilt*; denn sie ist immer für dich da!

Durch diese gelebte Selbstliebe kann Entfaltung oder Heilung beginnen...

3. *Innerer Frieden:* Der innere Frieden wiederum setzt sich aus den Aspekten: innere Schau, äußere Schau und Zufriedenheit zusammen. Bist du nämlich bereit, das, was du von deiner Seele *fühlst* oder auch hörst; was du noch *selbst* im Außen wahrnimmst; und das, was du mit deinen geistigen wie irdischen Augen *siehst*, in

Verstehen, Erkenntnis und allumfassender Liebe *anzunehmen,* so beginnt sich Frieden in dir zu *manifestieren.* Größter Frieden wird dir dadurch beschert sein, *nimmst du in Liebe an,* was sich dir *zeigt,* und verstehst zugleich, dass *dies* für dich *immer* die Chance ist, dich zu entfalten und zu erinnern. Vor allem aber ist die Zufriedenheit hierbei *unerlässlich:* zufrieden zu sein mit alldem, was dich umgibt … denn es waren und sind *allein deine* Schöpfungen. Sei dabei bitte stets im *Jetzt,* erfreue dich jetzt, so wie es eben ist – und nicht erst, wenn du noch dies oder jenes durch dein Tun *besser* machst. Das bringt dich in *Zugzwang* und *Erwartungshaltung:* bringt dir Stress und Druck. Der wiederum bringt dein *Körpersystem* ins Wanken, durcheinander, deine Zellen geben *Großalarm* und erzeugen so *Disharmonie,* woraus dann Krankheit entstehen kann. *Bescheidenheit und Mitgefühl,* vor allem Geduld mit all deinen Begehrlichkeiten *stärken* des Weiteren den Frieden in dir. Diesen kannst du alsdann durch bedingungsloses Vertrauen und Wissen um göttliches Geführt-Sein *vertiefen,* sodass er dich in größter Geborgenheit und höchster Glückseligkeit trägt. Egal, was passiert! Und vor allem bitte ich dich um eines: Nimm dich an, *so wie du bist.* Denn genau so bist du in Gottes Augen richtig. *So schenkst du dir Selbstliebe und deine geistige Wiedergeburt ins Licht. Selbstentfaltung geschieht und Heilung kann fließen…*

4. Achtsamkeit/Achtung: Geliebtes Kind des Lichtes, *sie* ist es, die *Einsicht* von dir fordert! Denn je achtsamer du mit dir selbst umgehst, umso achtsamer – *folgend dem göttlichen Gesetz der Resonanz* – wird mit dir auf Erden umgegangen werden: und zwar in *jeder* nur erdenklichen Form. Da ich dir hier gerade von Selbstliebe spreche, so achte ich in deinem – und aller Namen – deinen Lebensverlauf! Achtsamkeit schließt vor allem Geduld, Verständnis, Toleranz, Harmonie und *Mitgefühl* ein. Für jeden und alles. *Vor allem aber für dich.* Beginnst du, alles, was ist und dir begegnet, mit den Augen deines Herzens oder eines *Engels* zu betrachten – was das *Gleiche* ist, denn du bist ein Engel auf Erden –, wirst du alle Äußerlichkeiten als *nichtig* befinden und zum göttlichen Kern, welcher immer Licht und Liebe ist, *durchdringen*: und du wirst verstehen und *achten!* Das ist der Sinn. *Das manifestiert Frieden in dir und erbringt bestmöglichen Schutz im Außen!* Es durchleuchtet alsdann dich und alle deine Lichtkörper mit Liebe. *Achtsamkeit ist Selbstliebe in weiser Form und stützt Entfaltung, Schutz und Heilung…*

5. *Wahrheit und die Opferrolle:* Geliebtes Kind des Lichtes, zu deiner Wahrheit zu *stehen*, ja, sie zu kennen, weil du dich in Ruhe und Innerer Schau damit beschäftigt hast, ist die beste Basis, gesund zu sein und zu bleiben; oder wieder zu werden! Bitte beachte, dass deine einzige Innere Wahrheit die *All-Göttlichkeit* ist! Du bist, immer und zu jeder Zeit, ein aus dem *göttlichen Opal-Kristall-Licht* geborenes Kind des Einen-wahren-Gottes-der-Liebe und somit – immer und überall – manifestiertes universelles *Licht und Liebe.*

Ein autarker, strahlender Seelenstern, der immer geführt und geschützt ist durch Gott und über einen freien Willen verfügt. *Diesen zu leben, steht dir frei in Licht und Schatten. Kein Urteil oder Schuld wird jemals über dich gesprochen!* Aber als dieses himmlische *Schöpfer-Geist-Wesen* bist du auch *eigenverantwortlich* für all dein Denken, Fühlen, Sprechen und Tun! Bist du wieder mutvoll erwacht in deine universelle Göttlichkeit, *verstehst* du aus freiem und freudvollem Herzen, dass du immer bereit bist und *warst,* all deine Schatten-Schöpfungen ins Licht zu heben: weil du erkannt hast, dass alles und jeder, der dir begegnet auf Erden, immer nur *Spiegel deiner selbst* ist und dir hilft, dich selbst zu finden. Handelst du in diesem Wissen, dieser Wahrheit deiner *Höheren Selbst-Seele,* welches in deiner Aura zu aller Zeit schwingt, steigst du – endlich – aus der *krankmachenden* Opferrolle aus; denn niemals ist ein Mensch auf Erden *Opfer, auch wenn es so aussehen mag* (lese ev. nach unter „Erwache…", in Buch 2 der Aannathas-Reihe). Ich bitte dich, erkenne immer die *Chance* in deiner Krise!

Deine bekennende Wahrheit manifestiert Selbstliebe: Entfaltung und Heilung kommt in harmonischen Fluss…

6. Das SchöpferTor… die Gedanken: Geliebtes Kind des Lichtes, du hast viel davon gehört, gelesen und weißt auch, dass immer *alles* in deinen Gedanken beginnt! Trotzdem weise ich noch einmal darauf hin, denn es ist nun mal ein so wichtiger Punkt zur Gesunderhaltung wie Heilung. Bitte, achte auf sie! *Übe, wann immer du kannst, Gedankenkontrolle und Gedankenhygiene!* Du wirst dabei merken, wie viel Negatives du täglich denkst, wie achtlos und lieblos manche deiner Gedanken sind – für dich und andere; und dir ist nicht immer gleich bewusst, dass du *genau* das in diesem Augenblick in dein Leben *ziehst. Du lädst es ein in dein Energiefeld* und es *stört* oder zerstört deine göttliche *Harmonie,* die ansonsten *lichtbringend* in und bei dir fließt, gesendet und geschenkt aus Himmelstiefen. Unentwegt *einströmend* über dein Scheitelchakra! Bitte bedenke das! Denn es macht dein Leben um ein *Vielfaches* leichter, schöner, friedvoller, glücklicher und dadurch gesünder. *Übe deshalb Hygiene*: was bedeutet, jeden negativen Gedanken sofort mit einem positiven zu *ersetzen*, damit dies dann auch geschehen kann! Denke dabei auch daran, dass du deinen Körper, dein Haar und deine Kleider, die Wohnung usw. sehr wohl *pflegst* und reinhältst. Glaubst du nicht auch, dass es dein göttlicher Geist *wert* ist, ebenso reingehalten zu werden? Ich weiß, dass du das bejahst, und bin mit dir, wenn du es *liebevoll* unentwegt tust! *Diese angewendete Form der Selbstliebe unterstützt Entfaltung: Selbstheilungskräfte werden jetzt liebevoll angeregt…*

7. Absicht und Entscheidung: Es ist wichtig für dich zu wissen, geliebtes Kind des Lichtes, dass *allein* du für dich entscheidest, wie dein Leben – im *Rahmen* deines mitgebrachten Karmas – verlaufen soll. *Bitte beachte dabei, dass jede Entscheidung immer auch wieder Karma erschafft, erhält oder auflöst.* Dunkles wie *Lichtvolles:* weshalb immer Entscheidungen von dir getroffen werden sollten. *Und nur du entscheidest, gesund zu sein und deine Selbstheilungskräfte zu entfalten!* Immer ist dabei allein dein Wunsch ausschlaggebend, der, wie du weißt, in deinen Gedanken *erstmals* geformt und erschaffen wird! Du wirst hier sicherlich einwenden, *warum* dann so viele Menschen an Krankheiten *sterben,* die doch lieber leben wollen und wollten.

Dabei verweise ich vor allem auf die *15 Aspekte der Selbstliebe,* die dabei *meist* außer Acht gelassen oder nur *ungenügend* umgesetzt wurden, und u.a. auch auf karmische *Zusammenhänge,* die sich unter Umständen *daraus* entwickelten und die *immer* vorrangig ausschlaggebend sind. *Immer haben hierbei die Themen Angst, Eigenermächtigung, Ohnmacht der Opferrolle, Glauben, Vertrauen und Hoffnung größte Wichtigkeit.* So werden, wie du weißt, *nicht* erfüllte Seelenpläne, von Leben zu Leben, *wieder mit eingebracht,* um sie dann in Licht und Liebe zu erlösen: aufzulösen. Sie werden auch oftmals an eine andere Seele einer Seelenfamilie weitergegeben, um dann von dieser ins Licht gehoben zu werden. So ist, geliebtes Kind des Lichtes, von außen nicht immer erkennbar, *warum* ein Mensch seine Krankheit heilen kann und ein anderer ihr erliegt! Das liegt immer im *Ermessen* der Höheren Selbst-Seele und niemals dem des Verstandes.

Und es liegt auch in deiner Absicht und Entscheidung, wie und in welcher Energie du dir dein Leben und Sein auf Erden einrichtest. *Kannst du auch einmal nein sagen, wenn dir etwas nicht zusagt?* Kannst du Situationen, die dir nicht mehr gut tun, weil sie dich verletzen, ändern; dich von Dingen oder Menschen trennen, die dich behindern; kannst du deinem Leben durch bewusste Entscheidungen deine von dir gewünschte Richtung geben? Kannst du Verstand und Herzgefühl – zu deinem Wohl – unterscheiden? *Das ist wahre Selbstliebe und Basis von wahrer Entfaltung wie auch wahrer Heilung…*

8. Bewegung und Tat, geliebtes Kind des Lichtes, ist auf Erden wie im Himmel dein *Motor,* um wahrer Schöpfer zu sein. *Auf deine Absicht, Gedanken und Entscheidung sollte stets die liebe- und verantwortungsvolle Tat folgen.* Denn etwas in Bewegung zu setzen, ist unerlässlich, willst du ein befriedigendes Ergebnis – von was auch immer – erhalten. Und kann auch immer *nur* von dir begonnen werden: denn deinen freien Willen zu achten, ist unser *höchstes* Gesetz. Erst dann können wir Engel dich unterstützen und helfen. Bitte verstehe, jedwede Bewegung muss von dir ausgehen. Bei was auch immer! *Dabei ist das Wichtigste für dich, mit dem Herzen zu denken und dem Verstand* *zu fühlen.* So wirst du alles immer in *Selbstliebe* tätigen: dich niemals überfordern oder selber verletzen. Versuche auch möglichst viel Geduld aufzubringen und überlegend-langsam zu sein bei all deinem Tun. So werden deine Ergebnisse sehr gut ausfallen. Und denke bitte, wie gesagt, immer daran, dass du Verantwortung trägst: *als erstes für dich. Dann für das Ganze!* So wird es dir gut gehen auf Erden, und Harmonie und liebevoller Ausgleich werden dich tragen, was auch immer du tust. ***Selbstliebe bedingt dann Entfaltung und Heilung...***

9. *Eigenverantwortlichkeit:* Wisse, geliebtes Kind des Lichtes, sie ist dein *herausragendster* göttlicher Aspekt, der dir zu eigen ist! Denn tief in deinem Inneren ruht diese göttliche Wahrheit. *Unauslöschlich.* So begleitet dich diese auch immer: auf Schritt und Tritt. Und solltest du einmal *nicht* in ihr handeln, so meldet sich etwas in dir: *dein Ur-Bewusst-Sein.* Die göttliche Ur-Essenz und ihr Anspruch auf Wahrhaftigkeit. Sie mahnt und erinnert immer, leise und sanft, erzeugt eine große Sehnsucht *nach dieser deiner Wahrheit;* doch kann dies beiseite geschoben und ignoriert werden. Lange Zeiten und viele Leben, was *licht-und liebloses* Karma erzeugt. Doch immer hast du den *freien* Willen und kannst handeln, wie du es gerade möchtest: in oder ohne Verantwortung. Willst du dir aber dein Leben in Harmonie und Freude einrichten, so solltest du niemals *ohne* sie handeln! Denn nur so schützt du dich, wie schon gesagt, vor Repressalien, Ärger, ja, Ungewolltem von außen. Sei also schlau für dich und klug: indem du das Gesetz der Resonanz für dich *nutzt. Das ist Selbstliebe, in klarer Weise für dich genutzt. Bewirkt weitere Entfaltung und zieht Heilung nach sich...*

10. *Dankbarkeit:* Der große Wunsch nach Fülle und Glück aller Art, wird dir durch *gelebte* Dankbarkeit gewährt. Bist du bereit, dein Leben und alles, was du darin *findest,* was zu dir *kommt,* was man dir *schenkt,* was du *erreichst,* aber auch was vielleicht von dir geht, in *Dankbarkeit und Hingabe* anzunehmen, wird es dir immer zu Glück und Frieden gereichen! Bitte, geliebtes Kind des Lichtes, *erinnere* dich ab und zu daran, dass alles, was du vorfindest, und alles, was geschieht, immer nur zu deinem Besten und deiner Heilung – *deiner göttlichen Ganzheit* – sich in deinem Leben zeigt. *Du weißt, es gibt weder den „zufälligen" Zufall noch das plötzliche Pech, das dich zufällig ereilt!* Du weißt vielmehr, dass das immer eine Chance für dich ist *zu erwachen!* Also danke dafür, auch wenn Zorn, Ärger und Wut es dir schwer machen. Überwinde dich. Erinnere dich, dass du ein großartiges, mächtiges Schöpfer-Geist-Wesen bist, das seine göttliche Mächtigkeit und All-Weisheit erproben und anwenden will – und wie könntest du das, gäbe es nicht die Möglichkeit dazu? Deshalb sei besonnen und danke immer für alles, aus wahrem und reinem Herzen. Danke *Gott-Allem-Was-Ist*, Mutter Erde und allen Gestirnen, den Elementen, allen Licht-Wesen und Engeln und danke deinem Körper, dass er so wundervoll für dich da ist. *Durch diese Selbstliebe schwingt alsdann Alles-Was-Du-Bist in Harmonie. Selbstheilungskräfte entfalten sich vollends…*

11. *Karma zulassen,* geliebtes Kind des Lichtes, ist nicht immer leicht: deinen *Spiegeln* mutvoll gegenüberzutreten und sich einzugestehen, dass das alles einst *selbst* verursacht wurde oder aber du bereit bist oder warst, als Heiler für *andere* auf Erden zu agieren, *ist wahrlich heldenhaft.* Selbst wenn ein hohes *LichtWesen* auf Erden – aus edelsten Gründen der Gottes-Hingabe – inkarniert, um den Menschen bei der Entfaltung geistiger Wahrheiten zu helfen, durchläuft es, wie ihr wisst, *immer auch schmerzliche Prozesse,* um sich den Erd-Schwingungen anzupassen. Wie dir Erzengel Aannathas schon sagte, ist ein Erdenleben immer die *größte* aller Einweihungen. Und ich verstehe dich *sehr gut,* und gerne halte ich dich in meinen Armen, wenn du traurig oder ratlos bist – über das, was vielleicht gerade passiert oder passiert ist in deinem Leben. *Karma,* was ja Handlung bedeutet, wie du weißt, ist lediglich ein energetischer Ausgleich, den die Seele immer *wieder* vornimmt, um zu reinigen und zu klären. Deshalb gestehe dir tiefe Liebe und Mitgefühl – *Selbstliebe* – zu, sollte wieder einmal etwas ganz *anders* geschehen, als du es vorgesehen hast. *Den Überblick hat nun einmal nur deine Seele, und bitte glaube mir, sie macht es immer richtig!*

Willst du gesund bleiben an Körper, Geist und Seele, ist dies eine Notwendigkeit. Rufst du mich dabei an, wird mein Trost dich stützen! Es wird dir dann leichter fallen, dies zu tun, und *wir werden es für sehr weise und klug befinden!* Dir wird es helfen, *mehr als du jetzt glauben kannst. Solche Selbstliebe findet höchste Anerkennung deiner Höheren Selbst-Seele und Heilung ist in göttlichem Fluss…*

12. Sichtweisen ändern: Geliebtes Kind des Lichtes, vieles in deinem Leben ist sicherlich nicht *immer* in deinem Sinne und macht dich glücklich. Was ich verstehe. Und doch weißt du, dass du es dir so erschaffen hast. *Und vielleicht ärgert es dich.* Vor allem, wenn es manchmal nicht zu ändern ist. Ist vielleicht ein Mensch (oder Situation) in deinem Umfeld, den du absolut nicht gut vertragen kannst, er aber einfach zu deiner Familie gehört und du ihn nicht völlig ignorieren kannst, so gibt es nur eine Möglichkeit: *Ändere deine Sichtweise!* Dazu solltest du deine Herz-Qualitäten nutzen und dein Mitgefühl. Bitte *versetze* dich dazu voller Liebe und Verständnis in *dessen* Situation – *auch in die Vergangenheit* – und du wirst die Verhaltensweise, die dich so stört, verstehen. Allerdings musst du dabei ehrlich, wahr und emotionsfrei sein, sonst *gelingt* es dir nicht!

Genauso kannst du mit deinen *eigenen* Verhaltensweisen umgehen: beleuchte diese in Geduld und Ehrlichkeit, betrachte gelassen dein gesamtes Umfeld, alle Umstände, dann gehe zurück bis in deine Kindheit, auch die deiner Eltern oder in deine alten Leben – soweit du darüber etwas weißt – und du wirst dich, dein oder das Handeln anderer verstehen und es so voller Liebe annehmen können. Rufe mich an: so kann es sich zum *Guten wenden! Diese wichtige Art von Selbstliebe bedeutet pure Heilung, stärkt wahre Selbstheilung…*

13. Glaube: Gott ist in Mir. Diese Worte, geliebtes Kind des Lichtes, solltest du stets auf deinen Lippen tragen. Und in dein Herz schreiben. Sie sollten aus deinen Augen strahlen und dein ganzes Sein erfüllen. *Denn diese vier Worte sind dein Himmelreich auf Erden* – oder aber könnten es werden, bist du bereit, sie immer und immer wieder *auszusprechen* und sie so in Alles-Was-Du-Bist zu *manifestieren.* Denn du bist ein Göttliches Kind, ein universeller Same kosmischer Ewigkeit und Sternen-Weisheit. Und um heil zu sein oder wieder zu werden, auf dieser Welt, ist es unerlässlich, sich dieses bewusst zu machen! Deshalb gib dich *bedingungslos,* immer und immer wieder in Gottes Hand und sein Reich des Lichtes und der Liebe, das auch in dir lebt! *Vertraue, dass dir zur rechten Zeit geholfen wird, dass deine Gebete gehört und du wahrgenommen wirst. In allem und mit allem.* Lasse alle Gedanken von Mangel, Angst, Trennung, Unzulänglichkeiten und Schuld los, damit dies für dich Wahrheit werden kann. *Diese Selbstliebe ist dein göttliches Pfand und Selbstheilung ein Teil davon…*

14. *Bedingungslose Liebe,* geliebtes Kind des Lichtes, ist das *größte* Geschenk, mit dem *dich* und uns alle unser himmlischer *Vater-Mutter-Kosmischer-Geist* am Anbeginn aller Zeit und allen Seins bedachte. Sie schwingt in dir allezeit und strahlt aus dir heraus. *Immer und ewig.* So bist du auf Erden eine hellstrahlende *Lichtsäule,* die alles erleuchtet und durchwirkt mit dieser göttlichen Liebe, wann immer du etwas in *Achtsamkeit* berührst! Deshalb sei geduldig, umsichtig, tolerant, verständnisvoll, sanft und liebevoll-weise in deinem Leben, denn allein so wird auch dir immer bedingungslose Liebe *entgegengebracht.* Alles Böse, Ärger, Anfechtungen und Unglück bleiben so von dir *fern. Und so kommst du deinem göttlichen Auftrag,* deinen Seelengeschwistern auf Erden immerwährend ein tröstliches Licht und eine Quelle der Freude zu sein, am nächsten. *Selbstliebe hat Heilung vollbracht…*

Geliebtes Kind des Lichtes, dies sind nun sehr *wichtige* Aspekte, um heil zu sein oder wieder zu werden: also lese aufmerksam und übe. Übe. Übe. *Und ich verspreche dir,* dass, wenn du sie einhältst und umsetzt in deinem Leben, *größte Heilung geschehen kann.* Allerdings ist dein Seelenplan, geführt von deiner Höheren Selbst-Seele und ihrem freien Willen, in *letzter* Konsequenz *ausschlaggebend.* Darüber wirst du aber noch mehr erfahren…

So gehe deine Wege in der Weisheit deiner Seele, die, wie dir schon Erzengel Aannathas sagte, allzeit ein strahlender Seelenstern ist: eine göttliche, in sich in Fülle schwingende, aus sich selbst schöpfende Kristall-Ganzheit. Von Gott unendlich gesegnet und getragen, von ihrem Höheren Selbst in Weisheit geführt und von Engeln unentwegt geschützt. Lass dieses Wissen deine Lehre sein und glaube an dich, so wie der Himmel an dich glaubt. Bist du und dein Licht auf Erden doch unersetzlich und über alle Maßen geliebt…
Von uns allen. Insbesondere von Mir.

Raphael

Heilung in neuen Dimensionen

Geliebte Kinder des Lichtes, die neuen *Heil-Dimensionen* sind eigentlich nicht *wirklich neu*. Neu ist nur, dass sie allmählich immer *mehr* auf Erden *wieder erscheinen: w*iederentdeckt und angewendet werden. *Sie sind göttliche Ur-Essenz und einzige Wahrheit.* Und durch die hohe Lichtfrequenz, die jetzt auf Erden schwingt, *sickern* diese – ebenfalls – hohen Heil-Energien unaufhörlich durch den universellen Äther wieder in das Erden-Bewusstsein, um dann hier von *erwachten* Menschen abgerufen werden zu können.

Heilenergie-Basis ist hierbei immer die universelle Lebens- und Seinskraft, die allzeit in der göttlichen Heilenergie schwingt und agiert. Sie kann von jedem Menschen abgerufen und genutzt werden.

Es ist der kosmische Äther, die himmlische LichtLiebe, der strahlende Gott-Geist der Vollkommenheit und ihr kennt es auch unter den Namen Chi auch Qi (China/Asien), Ki (Japan) Prana (Indien) Odem (Od), Äther und Resonanz, Orgon und Quantenenergie (Europa).

Und bitte beachtet des Weiteren, geliebte Kinder des Lichtes, erkennt und lasst zu: Es gibt nur eine Energie: die Göttliche Universelle Energie. Ganz gleich, welchen Namen ihr dieser gebt, welcher Kultur und Nationalität sie entspringt bzw. wie sie angerufen wird. Wie gesagt, es ist himmlischer Äther. Der Atem Gottes, der alles zu aller Zeit durchdringt und heiligt. Es ist LICHT und LIEBE. Also Göttliche Licht-Liebe-Energie. Und jeder von euch kann diese nutzen. Für sich und die WELT.

Seid gesegnet dafür, ihr Kinder der Liebe Gottes.

Und bitte beachtet auch: Sie ist immer neutral. Sie heilt immer … was geheilt werden will und kann. Der Mensch ist dabei immer nur Kanal!

Heilen mit Licht-Liebe-Energie geschieht immer durch die göttliche *All-Weisheit. Diese ist immer manifestiert in dem kristallinen Gold-Opal-Strahl.* Ihr nennt es *Geistheilen.*

Davon gibt es viele verschiedene Arten. Aber alle haben das gleiche Ziel: das *Gleichgewicht,* die *innere Balance* von körperlichem, mentalem, emotionalem und spirituellem Wohlbefinden wiederherzustellen.

Es ist uraltes überliefertes Wissen aller Kulturen eurer Erde, und lange war es geheimes Wissen: bestgehütete *Geheimlehren, die nur an Weise und Eingeweihte unter dem heiligen Gelöbnis der Geheimhaltung weitergegeben wurden, aus Angst vor Missbrauch und dunklem Machtstreben.*

Auch *empfängt* jeder Geistheiler oder Therapeut – *verbindet er sich mit wahrem Herzen und bittet um Schutz* – immer universelle Energie und Hilfe aus dem *Kosmos* bei seiner Heil-Arbeit – *empfindet dies jedoch entsprechend seiner Lebensanschauung und Kultur* – und überträgt sie so dem Klienten/Patienten – *direkt oder in einer Art der Anwendung.* Er wird dabei immer von seinem oder einem geistigen Führer, Engel oder seiner Seele geführt, auch wenn ihm das nicht bewusst ist: viele sind hellsichtig, die meisten hellfühlig.

Er erkennt somit Blockaden, Verkrampfungen, Ungleichgewichte, Ängste, seelische Belastungen usw. und lässt Heil-Energie dorthin fließen: denn er ist immer universell-magisch und lichtvoll geführt. Da jeder eurer Körper immer *kosmisch-intelligent* ist, transportiert er Energien dorthin, wo sie *fehlen!*

Denkt bitte kurz nach: Ihr nehmt ja auch eine Kopfweh-Tablette, die erst einmal in den Magen kommt, und dann…?

Geistheilen läuft immer nach dem gleichen Prinzip oder Ordnung ab: entspannen, reinigen, klären, entkrampfen, harmonisieren und aktivieren durch in Fluss bringen aller Energien, Körpersäfte und Körperkräfte. Dabei *überträgt* der Heiler die universelle *Gott-Liebes-Energie,* stimuliert, kräftigt und entstört die jeweiligen Energie-Punkte, die überall im Körper manifestiert sind. Ein harmonischer Fluss der Körper-Energie ist wieder möglich, und das bedeutet *Heilung!*

Und bitte beachtet, geliebte Kinder des Lichtes, sie ist immer dann am wirkungsvollsten, wird sie vom Heiler in bewusster, kreativer Herz-Energie der All-Liebe Gottes angewendet, gegeben, und in gleicher Energie vom Klienten aufgenommen. Sollte der Klient dazu nicht in der Lage sein, so übernimmt dieses die Seele im karmisch-möglichen Rahmen! Hervorragende Geistheiler erreichen durch hohe Konzentration und das Fokussieren auf ihre mächtigen Schöpferkräfte außergewöhnliche – für den Verstand unverständliche – Ergebnisse!

Heilung bedeutet aber vor allem, die *Wurzel* allen Übels licht- und liebevoll zu lösen und zu *entfernen,* damit die Symptome, welche sich als körperliche Anfälligkeiten, Schwächen oder Krankheiten zeigen, *enden* und Lebenskraft und Gesundheit zurückkehren. Dazu ist als allererstes nötig, eine *innere Balance* wieder zu erreichen, die, ist sie *gestört* und so im Ungleichgewicht, *jedwede* seelische Störung *verursacht,* was dann Energie-Staus und dadurch Funktionsstörungen im irdischen Körper zur Folge hat. Hierzu sollten auch immer eine *Veränderung, Erneuerung* von angenommenen Informationen oder Glaubenssätzen sowie eine Harmonisierung aller Gedanken des Klienten oder Kranken durch den Heiler eingeleitet werden und erfolgen.

Bitte wisst, geliebte Kinder des Lichtes, geheilt wurde schon immer auf Erden: in allen Kulturen und Lebensgemeinschaften. Und schon immer wussten die Menschen, die noch in Klarheit und Reinheit an die universelle Gott-Wahrheit angebunden waren, dass nachhaltige Heilung immer nur von innen nach außen passieren kann.

Auch wurde stets *nicht* nur mit den – *materiell-grobstofflichen* – Hilfsmitteln der Natur, sondern *auch* immer mit den – *feinstofflichen-geistigen* – Mitteln des Himmels = *Gott-Geist* – behandelt und geheilt. *Doch ist dabei zu beachten, dass jeder Mensch immer Schöpfer seiner Realitäten ist, war und bleiben wird:* deshalb jedwedes, materiell-grobstoff-lichse Heilmittel bzw. Heilung erst dann wirklich effektiv wirken oder passieren kann, *wird es durch die lichtvolle Kraft des Geistes unterstützt.*

Bei Babys/Kleinkindern oder Menschen, die dies gerade *nicht* mit ihrer Geisteskraft unterstützen können, *übernimmt* dies der *Schutzengel* oder die Höhere Selbst-Seele: immer aber geschieht dies in Beachtung des – *jeweiligen* – Seelenplanes. Auch Gebete von Angehörigen oder Freunden ersetzen oder unterstützen hier die Geisteskraft!

Da dieses Heilwissen so groß, umfangreich und fast unendlich ist, werde ich, Erzengel Raphael, euch in diesem Buch vorwiegend über das *geistige Heilen* berichten.

Erzengel Ariel, der mächtige Erden-Engel, wird euch im nächsten Buch der Aannathas-Erzengel-Reihe, „Heilige Medizin der Erde", noch Weiteres vermitteln.

Geliebte Kinder des Lichtes, die neuen Dimensionen der Heilung auf Erden sind also nicht wirklich neu, aber die Herangehensweise wirkt vielleicht auf – kopfgesteuerte – Menschen manches Mal unwirklich. *Und doch ist sie die einzige Methode, eure eigenen Selbstheilungskräfte optimal zu aktivieren.* Unterstützt durch die nunmehr erhöhte Energie auf Erden, ist sie außerdem *unaufhaltsam!* Endlich *erwacht* in vielen von euch die göttliche Wahrheit, und *uraltes* geistiges Heilwissen sowie die universelle Weisheit des *All-Eins-Seins* wird wieder bewusst als Heilmethode angewandt oder ihr lasst sie zum Teil mit einfließen. Erfreulich ist für uns zu beobachten, dass nunmehr auch viele eurer Wissenschaftler sich dieser universellen Wahrheit öffnen. *Und sie bestätigen.* Ja, selbst von euren mächtigen Pharma-Konzernen wird dies beachtet und erkannt: und – jetzt zwar noch zögerlich, aber immerhin *teilweise* mit einbezogen. Wir Engel bitten euch, geliebte Kinder des Lichtes, habt Geduld mit ihnen – denn entsprechend der *neuen, kristallinen Energie* auf Erden werden sich mehr und mehr gesunde – weil aus *natürlichen* Rohstoffen hergestellte – Medikamente durchsetzen!

Ebenso die geistigen Heilmethoden, welche auch immer ohne Nebenwirkungen für euch sind!

Geliebte Kinder des Lichtes, geistiges Heilen oder Natur-Medizin solltet ihr aber *niemals* in Konkurrenz zu eurer klassischen Schulmedizin sehen, denn diese hat auch *beachtliche* Erfolge vorzuweisen und so auf *jeden Fall* ihre Berechtigung. *Die verschiedenen Heilmethoden sollten sich lieber respektvoll, tolerant, licht- und liebevoll-weise ergänzen,* um dann jedem von euch, der sie benötigt, klug, sinnvoll, sanft und nachhaltig Heilung zu ermöglichen.

Des Weitern ist der wichtigste Aspekt der Geistheilung einfach nur das optimale Aktivieren von Selbstheilungskräften – welche in jeder menschlichen und geistigen Zelle als göttliche Ur-Information und göttlicher Ur-Impuls am Anbeginn aller Zeit und Schöpfung manifestiert wurden.

Diese göttliche Ur-Information, die ihr auch als *Matrix* (kosmisches Ordnungs-Prinzip) bezeichnet, trägt in sich das Ur-Bewusstsein der *ewigen Gott-Ganzheit,* was Gesundheit beinhaltet, ja immer als *Normalität* voraussetzt bzw. bei krankhaften Veränderungen sich im *Selbst-Prozess* durch aktives Schöpferdenken des Menschen – *welches geistig Gesundheit erschafft* – heilen kann.

Bitte, beachtet aber immer das Karma dabei. (Ich berichte euch noch mehr darüber).

Geistiges Heilen aktiviert also immer nur die Selbstheilungskräfte eines Menschen, wobei der göttliche Impuls des ganzheitlichen Heilens, der stets in jeder Zelle ruht, immer die Seins-Basis bildet! Denn dies ist das Gott-Manifest jeder Zelle und wirkt demnach immer in perfekter Heilform. (Karma liebevoll gelten lassen!)

Geistige, spirituelle Heilbehandlungen können des Weiteren bei allen Krankheiten, bei Stress, Unwohlsein und Trauer, seelischen wie körperlichen Verletzungen hilfreich, auch begleitend, angewendet werden. Und es spielt dabei keine Rolle, wie schwer eine Krankheit ist oder welche Diagnose eines Arztes vorausging! Immer aber ergänzen und unterstützen sie jegliche medizinische Anwendungen und Therapien lichtvoll, liebevoll, sanft und absolut effektiv!

Bitte beachtet, geliebte Kinder des Lichtes, Störungen und Behinderungen, bis hin zum Stillstand des Energie-Flusses in einer Zelle, dann einem Organ und so in euren Körpern, welche immer Unwohlsein, Unverträglichkeiten und Krankheiten nach sich ziehen, werden oder wurden immer durch negative, gestresste, angstvolle, ohnmächtige, unbewusste Verstandes-Gedanken (u.a. Druck und Zwang durch übersteigerte Erwartungshaltungen in allen Lebens-Bereichen) von euch erschaffen!

Bitte beachtet des Weiteren: Jede Zelle trägt ursprünglich die kosmische Ur-Matrix-Information: gesund, perfekt, göttlich-genial und vollkommen zu sein, in sich.

Erkrankt eine Zelle (dann erst ein ganzes Organ) durch oben genannte Einflüsse, werden im *Normalfall* alle Selbstheilungs-Kräfte durch die *immer* in der Zelle *schwingende* kosmische Intelligenz der Gott-Ganzheit (= Gesundheit) *aktiviert.* Heilung kann oder könnte geschehen. Ich sage euch bewusst, *könnte,* denn allein euer Gedankengang darüber bestimmt, wann und ob überhaupt Heilung stattfindet oder finden kann. Ein bewusster *lichtvoller* Gedankengang, Ruhe, Geduld und Selbstliebe wird also die Selbstheilungs-Kraft aktivieren, was Gesundung oder den Beginn einer Gesundung zur Folge hat; ein unbewusster, *angstbesetzter,* lichtloser Gedanke dagegen unterbindet jegliche Selbstheilungs-Kräfte!

Geliebte Kinder des Lichtes, werden dann hier, was ja meist geschieht, nur chemische Medikamente oder Substanzen zugeführt und eingenommen, wird die Krankheits-Wurzel (das Übel) am Leben erhalten und lediglich Symptome unterdrückt.

Bitte fühlt hier das Chaos für den Körper. ER sendet Zeichen, die nicht wahrgenommen, sondern einfach durch Unterdrückung ignoriert werden. Dies ist wie ein schwelendes Feuer... ihr wisst, dass das nichts Gutes verheißt!

Werden bereits karmisch-erworbene Beeinträchtigungen, wie krankhafte Veranlagungen, Unverträglichkeiten, Behinderungen, anderweitige körperliche Veränderungen und Schwächen oder ähnliches mitgebracht, oder werden sie im Jetzt durch stetige negative Gedankenmuster erschaffen, so kann die Ur-Matrix-Information: göttlich-perfekt-gesund – von der Zelle nicht ausgelöst werden bzw. kommt nicht, nur teilweise oder schwach zur Geltung.

Bitte versteht, geliebte Kinder des Lichtes, alle körperlichen Anfälligkeiten und auch Krankheiten, die ein Mensch also schon mitbringt aus alten Inkarnationen, werden von euch und euren Ärzten als erblich bedingt, Erbkrankheiten, bezeichnet, doch sind sie immer das Erbe nicht-bewussten Denkens, im Sinne der Gott-All-Weisheit, Gott-All-Liebe und Gott-Ganzheit. Sie sind auch immer ein Erbe der Seelenfamilie, weil in jedem Kind ein Teil der Eltern weiterlebt: somit auch Unbewusstes, welches – wird oder wurde es nicht ins Licht gehoben und dadurch gelöst – in der Aura als *Negativ-Impuls* gespeichert *bleibt*. Und so kann es sich in der folgenden Inkarnation als *Behinderung manifestieren*.

Doch es gibt auch Ausnahmen: Oftmals bedienen sich mächtige Licht-Meister einer Krankheit, Behinderung und Tod, um in einer Seelenfamilie als deutlicher, unabwendbarer Spiegel zu agieren. So werden deutliche, himmlische Hilfen gegeben, wenn Erleuchtungs-Prozesse immer wieder ins Stocken geraten. Bitte erinnert euch: Der Körper ist das Klavier…

Geliebte Seelensterne, es ist mir eine *große Freude*, euch hier mitzuteilen, dass in dieser *besonderen Zeit der Wandlungen* auf Erden jetzt lang verzögerte, da *karmische, Heilungs-Prozesse* in einem, *diesem*, Leben auf Erden endlich *sofort gelöst* werden können. Die hochkonzentrierten Licht-Prismen des Opal-Kristall-Strahles ermöglichen dies durch ihre starke Heil- und Lösungskraft. So können leichter als je zuvor schwere Krankheiten, auch Erbkrankheiten *endlich* ins Licht gehoben, dadurch wesentlich gemindert oder ganz geheilt werden und jedwede Information darüber im Zell-Gedächtnis *vollends* gelöscht werden!

Deshalb seht ihr jetzt auch auf Erden so viel Dunkles und Trauriges. Wie gesagt, wird sich das meiste davon bis ins Erdenjahr 2020 gelöst und geheilt haben. Ich bitte euch um Geduld. Bitte, glaubt und vertraut. Ich bin dabei mit euch in Liebe.

Geliebte Kinder des Lichtes, noch einmal: bitte wisst und beachtet, bei jeder Geistheilung wird immer die göttliche universelle Licht-Liebe-Energie angerufen und genutzt – denn es gibt keine andere, *ganz gleich, welche Namen ihr gegeben werden.*

Die neueste *Bezeichnung* des geistigen Heilens, die *Quanten- oder Resonanzheilung,* wurde durch die Forschungen eurer Wissenschaftler auf dem Gebiet der *Quanten-Mechanik* auf Verstandesebene für euch *nachvollziehbar.* Diese *beweist,* dass auf der *atomaren Ebene* alle Materie immer verbunden ist und im Informations-Austausch steht und dass sie nicht nur auf Erden, sondern dass sie sich *vor allem* im *HyperRaum,* also dem Universum, dem All*, befindet und agiert.* Atome sind u.a. Licht-oder Elementar-Teilchen, Elektronen, Photonen, Neutronen und Protonen. *Sie sind die kleinsten euch bekannten Bausteine des Universums.*

Geliebte Kinder des Lichtes, wann immer ihr euch in geistige Heilung begebt oder sie ausübt, bitte denkt daran, dass letztendlich immer nur ihr selber – oder der Klient oder Patient – Heilung zulassen kann! Jeder ist immer Schöpfer. War es immer. Ein mächtiger Strahl der Urquelle-Gott. Autark, weise, stark, lichtvoll, liebevoll. Ein leuchtender LichtStern im Universum: bist du unendlich und ewig…
 Ich bin mit euch in Liebe und Heilung.

Raphael

Genialität des Kosmos
„Die Quantenheilung"

Geliebte Kinder des Lichtes, die Quantenphysik ist der Blick in die Ewigkeit...
Und sie ist die Grundlage bzw. erklärt euch Quantenheilung.

Deshalb widme ich, Erzengel Raphael, ihr größten Raum und Wichtigkeit in diesem Buch: denn sie *ist* und bereitet immer den *Ur-Grund*, die Ur-Basis allen *Geistigen Heilens*.

Quanten (u.a. Elektronen, Photonen, Neutronen, Protonen, Elementarteilchen) sind, wie euch schon Aannathas und Michael berichteten, *kosmisches Licht-Liebe*, göttliche *Schwingung, Energie*, und ihr nennt sie *Materie*. Und sie ist *in* Allem-Was-Ist. *Ist Alles-Was-Ist!*

Und, wie ihr wisst, gibt es die *sichtbare* – feste, grobstoffliche – und die *nicht sichtbare* – feinstoffliche, transzendente – Materie.

Bei euren Forschungen seid ihr noch lange nicht in der *wahren Gott-Genialität* des Lichtes angekommen; und es wird euch auch – *auf eurer reinen Verstandes-Bewusstseins-Basis* – *nicht möglich sein und werden.*

Eine weise Seele auf Erden, der Arzt, Philosoph, Heiler und Astrologe Paracelsus (1493–1541) beschrieb dies mit den Worten: *„Der erste Trunk aus dem Becher der Naturwissenschaft macht atheistisch; aber auf dem Grund des Bechers wartet GOTT."*

Doch ich weiß, ihr habt Vertrauen. Vertrauen in GOTT... und somit in euch. Das ist auch unbedingt nötig und Voraussetzung, um *wahres Heilen* mit dem Geist zu *bestem Ergebnis* zu führen. Denn die *kosmische Weisheit der Quanten* hat und wird euch eben weiter *verwirren,* denn sie bewegen und agieren nicht so wie euer Verstand, der, gelenkt von erlernten Mustern und eng-geflochtenen Strukturen, immer nur in einer geraden Linie und Abfolge denkt…

Bitte, geliebte Sternenkinder, beachtet,
Licht-Liebe sind Quanten (Licht-Teilchen) und sie schwingen: in alle möglichen Richtungen. Sind immer gleichzeitig überall…
in allen nur erdenklichen Formen, Räumen, göttlichen Dimensionen; in selbst konzipierter, den Umständen angepasster Stärke und Beschaffenheit.
In autarken und niemals vorhersehbaren Vorgängen.
Sie verfügen über die ganze kosmische Intelligenz, die absolute Bewusstheit unentwegt gebiert.
Sie bleiben für ewig energetisch und informativ miteinander verbunden, haben sie sich nur einmal berührt. Das bezeichnet ihr als quantenverschränkt.
Ohne Zeitverzögerung, also sofort, tauschen und ergänzen sie unentwegt Informationen. Grenzenlos.
Und agieren somit im kosmischen Gleichklang und Ausgleich der Gott-Allmächtigkeit.
Ausschließlich positive wie negative Absicht oder Bewusstsein lenkt energetisch das Quanten-Licht-Teilchen; denn es ist in seiner Grundschwingung immer … neutral.
Quanten erschaffen und halten alle universelle Bewegung konstant.
Wirken unabdingbar in Allem-Was-Ist; gemäß der Ur-Matrix, die ihnen eigen ist, schwingen sie sich immer wieder in die perfekte Urform der Gott-Ganzheit = ursprüngliche Gott-Präsenz = Gesundheit ein.
Sie sind niemals als Einheit direkt messbar, denn sie sind immer überall gleichzeitig; so erscheinen sie euch unscharf.
Sie entziehen sich jedweder strukturierten Erfassung: denn sie sind stets unangepasst, neutral, selbstbestimmt, geheimnisvoll, intelligent. Wunder…voll. Autark und doch eins. Eben göttlich-genial. Sind für den Verstand niemals zu ergründen, sondern allein durch den bewusst entfalteten Geist!

Aber das alles seid ihr… jede Zelle… euer Körper!

Deshalb bitten wir euch: Erkennt und vertraut!
Und, bitte, lasst euch niemals entmutigen angesichts der Größe und vielleicht der *Nicht-Begreiflichkeit* dieser universellen Fakten. Denn die gute Botschaft daran ist, dass ihr ja bereits erwacht seid oder gerade erwacht; und so könnt ihr sie mit eurem Herzen erfühlen, ja, verstehen und sie so nutzen! Denn jeder von euch ist **göttliche LichtLiebe**.

Ist allzeit eine Konzentration von wissenden, autarken, genialen Quanten – und die sich von euren Schöpfergedanken *lenken* lassen. Immer und zu jeder Zeit.

Bitte erinnert euch: Alles-Was-Ist ist immer konzentrierte, gebündelte Gott-Licht-Liebe.

Und sobald ein Heiler oder ein Mensch mit geistiger, universeller Energie arbeitet, bewegt er durch seine liebevoll-bewusste Schöpferkraft göttlichen Geist = Licht = (Eigen) Liebe = Energie = Information = kosmische Intelligenz = göttliche Genialität!

Er agiert dann in der Weisheit seines kreativen, göttlich-allwissenden Bewusstseins, welches dann immer – helfend und heilend – übergeht an den Nehmenden – der auch ihr selbst sein könnt.

Die Quanten oder Matrix-Heilung: Sie wird letztendlich **weltweit** angewendet – bewusst oder unbewusst – *bei jeder Geistheilung. Erst seit kurzer Zeit ist sie unter diesem Namen bei euch bekannt.*
Grundlage und geistige *Basis* ist das Prinzip der *Gott-Information der Ganzheit,* welche allzeit, wie ihr wisst, im Äther, aber auch in jeder Zelle schwingt: diese harmonisiert, entspannt, klärt, reinigt und *gleicht somit die elektro-magnetischen Felder des Körpers aus,* was Heilung bedingt. (Bitte erinnert euch: Ihr seid allzeit Licht, Energie, Information und deshalb Frequenz, also elektro-magnetisch.)
Gearbeitet wird dabei in der Aura des Menschen, die immer verbunden ist mit dem Morphogenetischen Feld = kosmischem Infor-

mationsfeld, in das die *Ur-Matrix* jedes Lebewesens – Mensch, Tier, Pflanze, Stein, Sterne, Sonnen, Meere usw. – eben Alles-Was-Ist, *eingespeichert* ist.

Durch Verbinden und Lenken des *gold-kristallinen* Lichtes des *Opal-Heilstrahls, den ich, Erzengel Raphael, in mir trage* und in dem die Gott-Information *Ganzheit (Gesundheit)* allzeit schwingt, *aktiviert* der Heiler die Selbstheilungskräfte des Klienten/Patienten: dessen Zellbewusstsein bewirkt dann durch *Rückverbindung* mit der Ur-Matrix (im HyperRaum und Morphogenetischen Feld), die Heilung. Alles geschieht immer, wie ihr wisst, im Rahmen des Karmas eines Menschen!

Inzwischen arbeitet ihr mit verschiedenen Anwendungsarten der Quantenheilung: z.B. der 2-Punkte-Quanten-Methode, Matrix-Power, dem Quanten-Code usw.. Sie alle unterscheiden sich aber nur geringfügig voneinander. Basis ist immer die *Quanten-Beeinflussung* und Bewegung durch die Schöpfermacht der Gedanken.

Bitte wisst, geliebte Kinder des Lichtes, dass eine Quanten-Heilung immer funktioniert, auch wenn keine direkte Verbindung mit mir hergestellt wird. Ich lenke seit Anbeginn aller Zeit den gold-rosé-grünen Opal-Heilstrahl. Immer. Für jeden und alles. Bewusst oder unbewusst… in Liebe, Hingabe und Freude für Alles-Was-Ist! Denn ich liebe euch.

Die Resonanz-Therapie: Deutschland/Europa/weltweit. Hierbei wird *ganz bewusst* mit der *göttlichen Ur-Matrix* wie bei der *Quanten*-Heilung gearbeitet. Sie nutzt das Prinzip der Gott-Information der Ganzheit und harmonisiert und gleicht die *elektro-magnetischen Felder des Körpers aus.* Hierbei wird der kranken Zelle, mittels Kristall, die *Information* einer gleichgearteten *gesunden Zelle, die sozusagen als Heilschwingungs-Basis dient,* wieder *eingegeben, eingeschwungen.* Es funktioniert also auch über Frequenz und heilt deshalb so genial, weil ihr Menschen eben Frequenz, Schwingung und Resonanz seid. Und *göttliche Liebe.* Die dann, weil der Behandelte an Heilung glaubt, *mit eingebracht* wird: Ergebnis ist dann eine *Wunder… volle* Heilung.

Bitte beachtet noch Folgendes: Die Resonanz- bzw. Quanten-Heilung gehören im geistigen Verständnis zusammen und sie sind die Heil-Methoden der Zukunft. Auf diesem Sektor werdet ihr für euch jetzt noch Unvorstellbares erfahren. Freut euch darauf...

Aber auch folgende geistige, euch schon lange bekannte Heil-Arten basieren und funktionieren nach dem gleichen universellen Schöpfungs- und Heilungsprinzip der Quanten-Physik.

Reiki: Diese *natürliche* Heilmethode wird inwischen *weltweit* sehr *erfolgreich* eingesetzt, u.a. in Kliniken, von Ärzten, Heilern, in Reha-Einrichtungen. Kommt ursprünglich aus *Japan.* Dabei werden Hände aufgelegt und der Gebende *verbindet* sich mit der universellen, göttlichen *Licht-Liebe-Energie,* japanisch benannt *Reiki.* Über seine Hände leitet, bzw. *überträgt* er dann *Reiki* (*Rei*, sprich *Re*, bedeutet universell und *Ki* = Lebensenergie) an den Nehmenden weiter, um dessen Selbstheilungskräfte zu aktivieren. *Der Geber ist immer nur Kanal!*

Chakren-Ausgleich, Harmonisierung und Heilung, wird ebenfalls mittels *Reiki* erfolgreich unternommen.

Prana: Die Bezeichnung kommt aus Indien, angewandt auch in Russland. Ähnlich wie bei *Reiki,* allerdings wird größtenteils *berührungslos* in den Lichtkörpern/Aura gearbeitet. Blockaden/Störungen/Krankheiten werden mittels *Licht-Liebe-Energie, Prana, herausgezogen* oder aufgelöst. Anschließend lässt man *Prana* wieder einfließen.

Geistheilung durch Energie-Übertragung: Wird auf der ganzen Welt seit jeher angewendet. Der Geistheiler empfängt universelle Heil-Energie aus dem Kosmos – *je nach Lebensanschauung und Kultur* – und überträgt sie dem Klienten/Patienten. Er wird dabei von seinem/einem Geistigen Führer oder Engel geführt, meist ist er hellsichtig oder hellfühlig. Er erkennt somit Blockaden, Ungleichgewichte, Ängste, seelische Belastungen usw. und lässt die göttliche Heil-Energie dorthin fließen.

Hand-Auflegen: ist die *älteste* auf Erden bekannte und angewendete Form des Heilens, Harmonisierens und wieder In-Fluss-bringens aller Körperfunktionen: *in Verbindung mit Gott und seiner alles heilenden Liebe wird die Ur-Matrix, welche in jedem Zellgedächtnis manifestiert ist, aktiviert.* Heilung kann geschehen! Bekannt ist euch besonders mein geistiger Bruder in Liebe, *Jesus.* Er heilte durch einfaches Handauflegen.

Weitere daraus entstandene Arten des Heilens/Harmonisierens sind u.a. Therapeutic-Touch, Healing Touch TT, Quantum Touch usw.

Calligaris-Technik: Hierbei wird mit der *Kundalini-Kraft* eines Menschen geheilt. Sie ist die Lebens-Energie, die durch die Wirbelsäule von unten nach oben fließt. *Verbunden* mit der geistigen Welt und Yoga-Übungen wird hier Heilung und Gleichklang erreicht, wobei eigene göttliche *Selbstliebe-Energien* wieder zum Fließen gebracht werden.

Die *Kundalini-Kraft* wird z.B. in Indien und Tibet auch als Licht, Energie, Feuer, Schlange bezeichnet und dargestellt.

Akupunktur: Ursprung: China, auch weiteres Asien. Durch feine Nadeln *stimuliert* werden die Kreuzungspunkte der Meridiane (geistige-feinstoffliche Energiebahnen, die neben den irdisch-grobstofflichen Blutbahnen verlaufen) *entkrampft, harmonisiert und so entstört. Der Energiefluss Chi = universelle Lebens-Liebes-Energie funktioniert wieder normal.* Die Zellen werden wieder bestens versorgt. Heilung tritt ein.

Moxibustion: Ursprung: China, auch weiteres Asien. *Ähnlich* wie Akupunktur. Hierbei wird mit Nadeln und *Wärme* gearbeitet, entkrampft, harmonisiert, in Fluss gebracht, geheilt. *Chi (Gott-Liebe)* fließt wieder…

Akupressur: Ursprung: China, auch weiteres Asien. Ähnlich wie Akupunktur: allerdings ohne Nadeln, nur durch *sanften Druck* werden hierbei die Kreuzungspunkte der Meridiane energetisiert und so entkrampft, harmonisiert und entstört. *Chi (Ki)*– welches die göttliche Ur-Matrix: Liebe in sich trägt – fließt wieder.

Gesund-Beten und Besprechen: wird und wurde seit jeher in aller Welt angewendet. Der Heiler/Heilerin *verbindet* sich dazu mit der universellen Heil- und Liebeskraft von *Gott-Vater-Mutter-Kosmischem Geist* und leitet so die All-Liebe und All-Ganzheit der Urquelle allen Seins ins Irdische: ev. auf bestimmte Punkte/Körperteile. Wobei dann Glaube, Hingabe, Vertrauen und tiefe geistige Rückverbindung *aller* Beteiligten *erwachen in die Selbst-Liebe* und somit Heilung bewirken.

Glaubens-Heilung: Diese zählt zur Gesund-Betung oder Besprechen und stellt sich ähnlich dar. Glaube an eine spirituelle Quelle, *Religion/Konfession* oder einen *Gott:* Hingabe, Vertrauen und tiefe geistige Rückverbindung *aller* Beteiligten bewirken hier die Heilung in die *All-Liebe und Gott-Ganzheit.*

Schamanische Geistheilung. Diese wird ebenfalls *weltweit* seit Anbeginn der Zeit erfolgreich ausgeübt. Sie ist meist eine Mischung von verschiedenen Geistheilungs-Arten und bringt den Lebensfluss sowohl mit dem Geist wie auch durch Berührungen oder Anwendungen wieder ins *göttlich-lichtvolle Gleichgewicht.* Je nach Kultur werden dabei Götter, Heil-Tiere, Geister, Elemente angerufen und verschiedene Medien, wie Steine, Federn, Pflanzen, Wurzeln, Knochen, benutzt. Da all diese (magischen) Fetische aus der Natur stammen, tragen sie auch immer die Gott-All-Ganzheit in sich. *Sie sind göttlich-neutral;* allein der Mensch gibt ihnen Bedeutung. Sie heilen ebenfalls ohne Nebenwirkungen – *wie alle geistigen Heilungen, sind sie in bedingungsloser Liebe praktiziert!*

Clearings: sind *Reinigungen* und *Klärungen* durch die universelle Heilenergie. Sie können mit verschiedenen Techniken ausgeübt werden – je nach Kultur – mit Engeln, Geistern, Göttern, Farb- und

Heilstrahlen: Naturmitteln, Stein, Ölen usw. Sie sind meist oder oft Kombinationen *unterschiedlicher* Heilmethoden. Nach dem *Clearing* wird der Körper und Lichtkörper wieder mit universeller Licht- und *Liebes-Energie aufgefüllt.* Harmonisierung und geistige Entfaltung steht im Mittelpunkt: folglich Heilung.

Chakra-Heilung: Ursprung: Indien/Asien. Die Chakren (Sanskrit = Rad-Lichtrad) sind die *Energie-Zentralen* des Körpers. Davon sind euch 7 sehr geläufig; viele weitere gehören jedoch zu jedem geistig-irdischen Körper. Sie nehmen Licht/Energie auf, speichern und verteilen sie in den Körpern eines Menschen. Sind sie durch negative Gedankenmuster, energiearme Nahrung, Licht bzw. Sonnen-Armut (vermehrte Arbeit in geschlossenen Räumen), Stress oder Krankheit verstopft, verschmutzt und *energielos*, so können sie durch universelle Energie gereinigt, geklärt, *neu ausgerichtet* und durch *liebevolle Licht-Liebe-Einspeicherung* wieder in Harmonie und Gleichklang gebracht werden.

Also jedweder Geistheiler, geliebte Kinder des Lichtes, ganz gleich, welche Anwendungsart er ausführt, vertraut in seinem ganz eigenen Verständnis der Kosmischen Magie: Sie ist das göttlich-weise Zusammenspiel und Präsenz aller himmlischen Elemente, der Gott-Ganzheit und Gott-All-Liebe. Und diese wirken auch immer in jeder eurer Zellen, ebenso in der Natur und in allem, was ihr seht und auch nicht seht (Materie und AntiMaterie).

Ihr wisst, dass nichts jemals voneinander getrennt ist! Bitte macht euch diese grundlegende Tatsache klar, um besser zu verstehen, wie einfach und perfekt Geistheilung immer war, ist und sein wird.

Und bitte wisst des Weiteren, geliebte Kinder des Lichtes: Alle Gott-Licht-Liebe ist manifestiert in dem kristallinen *Gold-Opal-Strahl,* der *alle Heil-Farben* in sich trägt und der jetzt euch und die Erde in stärkster Konzentration durchwirkt. *Und bei jeder Heilung, die von einem Heiler initiiert wird, wird – bewusst oder unbewusst – mit dieser wahrhaften göttlichen Farb-Heilkraft gearbeitet.*

Geliebtes Kind des Lichtes, deine Höhere Selbst-Seele weiß zu jeder Zeit: Der Geist allein bewegt und erschafft alle Materie. Wisse auch du es, bedingungslos. Lasse dieses Wissen dein Handwerkszeug in jedem Augenblick deines göttlichen Wirkens auf Erden sein. Denn zu aller Zeit bist du ein Engel. Ein Botschafter des Himmels. Du bist ein perfektes universelles Licht, das Schönheit und Erleuchtung repräsentiert. Erinnere dich daran. Und daran, dass du niemals alleine bist: ganz gleich, was mit dir ist, was gerade geschieht oder was du gerade tust!

Engel sind bei dir. Dann steht deiner Heilung nichts im Wege…

Ich bitte euch, macht euch das bewusst in jedem Augenblick eures Seins. Richtet dabei euer Augenmerk immer auf das Gute in eurem Leben; denn so haltet ihr die alles-erhellende, alles-heilende Schwingung der Gott-Quelle: Liebe bei und in euch; sie berührt euch so unentwegt sanft und liebevoll und schenkt euch Harmonie, LebensMut, Lebens-Kraft, Heil-Kraft, Leichtigkeit und Freude in und bei allem Sein. Und so Gesundheit. Das allein ist wahres Glück auf Erden. Alles andere kann dann sein…

Ich liebe euch unendlich.

Raphael

Anrufung der Engel und ihrer Heilkräfte

Geliebte Kinder des Lichtes, *uns* zu rufen, ist sehr *einfach* und *immer* möglich. *An jedem Ort, zu jeder Zeit und in jeder Situation:* vor allem aber für *jede Frage,* jeden Umstand oder Begebenheit sind wir *immer* für euch da.

Ihr wisst, dass unser aller *Gott-Vater-Mutter-Kosmischer Geist* euch über alle Maßen liebt und deshalb *uns* an eure Seite gestellt hat. Wir, die Boten und *Stellvertreter* Gottes, haben die Aufgabe, euch zu *unterstützen* und, wenn von euch gewünscht, zu führen bei all eurem Tun auf Erden.

Doch Gottes Wunsch, euren freien Willen zu achten, den ER euch einst schenkte, ist hier unsere erste Intention. Wir helfen euch immer: aber beachten dabei die Wünsche eurer Höheren Selbst-Seele. Denn euer Leben bedingt sich zur Hälfte aus euren jetzt in freiem Willen getroffenen Entscheidungen, zur anderen Hälfte aber aus Entscheidungen und deren Folgen, die ihr in vergangenen Leben getroffen habt. Das ist dann euer Karma. Wir Engel können dann im Rahmen dieses Karmas für euch agieren.

Allerdings helfen wir oftmals auch ohne eure Anrufung, wenn eure Höheren Selbste, ohne dass es euch bewusst wird, es wünschen.

Geliebte Sternenkinder, ihr alle wisst auch, dass jeder von euch ein *machtvoller Schöpfer* ist, lenkt er *bewusst* seine Gedanken, in denen alle universelle Kraft *liegt:* so ist eine Anrufung der göttlichen Macht – Gott, Engel, Heilige, Licht-Wesenheiten u.a. – immer eine tiefgreifende und mächtige Aktivität, die Heilung – je nach *Wunsch* der Höheren Selbst-Seele – nach sich zieht.

Eure Bitten, Wünsche und Gebete kommen deshalb immer *direkt* bei uns an. Und wir dürfen euch dann, im Rahmen eures Karmas, helfen. Ihr wisst ja, dass das von euch auf die Erde mitgebrachte Karma eure *eigene* Vorgabe, euer von euch erstellter Seelenplan ist… *die Vision eurer Seele!*

Allerdings haben das die meisten von euch *vergessen,* sind sie bewusst auf Erden *angekommen.* Vom Verstand, dem unbewussten Ego, geleitet, erscheint es zu anstrengend oder schwer, das *Schicksal* in Geduld und Liebe anzunehmen und kraftvoll-gelassen zu überwinden – wodurch sich allerdings einzig *wahre* Schöpfermacht, weise und klar, entfalten kann und könnte.

Und so sind viele von euch traurig, unsicher, mutlos, ja manchmal sogar zornig. Unser Beistand wird übersehen, vergessen, verworfen.

Und so treten wir zurück, und Trost ist dann unsere einzige Hilfe, die wir geben können.

Jenen aber, die sich ans *uns* erinnern und uns ihr ganzes Vertrauen, Hingabe und Glauben schenken, denen darf geholfen werden. *Immer.* Doch wisst ihr auch, dass die Hilfen eben euren Lebensumständen (Karma) angepasst sind, sein müssen: denn das ist euer ausdrücklicher *Seelen*-Wunsch.

Und nur dieser zählt!

Wie gesagt, egal wie, wo, warum, wofür, wie oft und von wem wir angerufen werden, wir hören euch gerne. Und immer!

* Rufe dazu einen Engel deiner Wahl – weißt du gerade nicht, *wer für was zuständig ist,* reicht auch der *Schutzengel.* Auch dessen Name ist dabei unerheblich (falls nicht bekannt): allein der Gedanke: *Bitte, lieber Engel, hilf mir…* genügt!
* Begrüße nun deinen Engel.
* Teile jetzt dem Engel Belange, Probleme oder Wünsche mit.
* Sende Dank an Gott und den Himmel, dass er diesen Engel und seine Hilfe sendet.
* Stelle dir deine Belange, Probleme und Wünsche vor und sieh, wie der Engel es liebevoll in seine Hände nimmt und sein göttliches Licht darüber ausgießt.

* Stelle dir dann deine Liebsten, andere beteiligte Personen oder die – *zu heilende* – Situation vor, von dem Engel in heilendes Licht und Liebe gehüllt und getragen.
* Visualisiere selbst auch *rosa-goldenes Licht,* das aus deinem Herzen fließend, betreffende Menschen, Belange, Situationen oder Wünsche einhüllt.
* *Stelle dir dann alles in geheiltem Zustand vor.*
* Sende dem Engel deinen liebevollen Dank.
* *Wiederholen das in nächster Zeit immer wieder, wenn du daran denkst. Danke…*
* Um es zu verstärken, spreche die Bitte um die Hilfe Gottes und den Beistand der Engel – *immer wieder* – laut aus.
* Bitte den/die Engel um Zeichen. Gehe dann achtsam, langsam und in tiefem Glauben weiter… um sie zu erkennen.
* Vielleicht möchtest du auch Engel-Orakel-Karten verwenden.
* Es ist auch hilfreich, eine Kerze anzuzünden, um mit dem Engel zu sprechen, die Bitte oder Wunsch in Ruhe und Stille vorzubringen oder zu wiederholen.
* Oder du schreibst deine Bitten auf einen Zettel, den du dann über *Salbei* verbrennst. Im Rauch werden dann deine Bitten in den Himmel getragen.
* Du kannst auch um einen Traum bitten, der dir hilft.
* Hast du einen Engel-Altar, kannst du dort deine – aufgeschriebenen – Wünsche hinterlegen. Lege einen Rosenquarz darauf, der Heilung durch seine Liebe bewirkt.
* Immer, wenn du dann an deine Bitte oder Situation denkst, danke dem Engel und *sieh bereits* in Gedanken ein wundervolles Ergebnis: wobei du letztendlich *liebevoll* dem *Engel überlässt,* wie er es für dich erschafft!
* *Dann danke immer wieder… dem Himmel, Gott und den Engeln.*

Wie gesagt, sind die Engel die Helfer Gottes. Du kannst aber jederzeit deine Belange und Wünsche auch an Gott-Vater-Mutter-Kosmischen Geist – in gleicher Weise – direkt senden.

Doch die *Intensität* deines Glaubens, die *Stärke* deines Vertrauens und deine liebevolle Geduld *bewirken* hier die *Wunder.*

Ebenso die Hingabe, das Zulassen und Beachten deiner besonderen karmischen Umstände (Schicksal) ergeben dann für dich die bestmögliche Hilfe. Kennst du diese nicht, helfen dir liebevolle Geduld und Vertrauen, in denen du einfach deine Wege weitergehst, bis Hilfe kommt. *Dein liebevoller Dank segnet dann die Geschenke.*

Und wie ich euch schon sagte, kann Alles-Was-Ist auf Erden *geheilt* werden oder alles, was *geschieht* auf Erden, durch uns und unser *göttliches Licht* entkräftet, gelindert oder erhellt werden. Denn alles Sichtbare oder Nichtsichtbare ist universelles, göttliches Licht-Liebe. Die kosmische Ur-Energie. Himmlischer Äther. So ist Heilung niemals nur auf Physisch-Sichtbares oder physische Körper *beschränkt,* sondern betrifft eben Alles-Was-Ist.

Geliebte Kinder des Lichtes, wie schon gesagt, können Engel, Heilige, Aufgestiegene Meister oder andere Licht-Wesenheiten und *auch Gott* von jedem und in gleicher Weise angerufen werden.

Es geht nie um das *Wie...* aufwendig oder besonders, sondern immer nur um die Hingabe, den unerschütterlichen Glauben, Vertrauen, weise Geduld und deine *tiefe Liebe,* um *Wundervolles* vom Himmel zu erfahren. Und es ist auch nicht wichtig zu wissen, für *was, welchen Bereich,* ein Engel zuständig is*t: Engel* sind *immer* Gott-Licht-Liebe in Vollkommenheit, und genau in dieser Energie schwingen, vermitteln und *arbeiten* sie, um das Weltengefüge zu *stabilisieren* und zu heilen. Sie sind eins in ihrer *Gott-Genialität* und so wird eure Anrufung und Bitte immer von der richtigen Stelle angenommen und – den Umständen *entsprechend weise* – erfüllt werden.

Wie gesagt: denkt hierbei nicht, sondern fühlt. Fühlt und glaubt, die ihr die Samen aller göttlichen Vollkommenheit auf Erden seid. Denn in euren Herzen steht ja geschrieben, dass Engel immer an eurer Seite gehen. Denn wir lieben euch.

Raphael und die Erzengel

Raphaels Heil-Blume des Lebens

Heilige Geometrie: Raphael-Heil-Blume des Lebens

Die Heil-Blume des Lebens = UrMatrix allen kosmischen und irdischen SEINs. Sie ist ein in Harmonie schwingendes Licht-Energiefeld. Sie besteht aus 6 grünen Blättern. Die 6 ist die Erdenzahl; 13 rosa Blüten. Die 13 ist die Zahl aller galaktischen Mächte und erschafft neue göttliche Wirklichkeiten.
Gesamt sind es 19 Elemente: Die 19 steht für Glück und Freude, aus der Gesundheit erwächst.

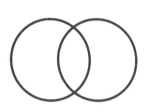

Urform der Heil-Blume des Lebens. Yin und Yang verbinden sich und symbolisieren den göttlichen Schöpfungsakt = Leben.

Vereinfachte Form der Raphael-Heilblume. Wem die obere Blume zu umfangreich erscheint, der kann jederzeit eine der beiden unteren Formen verwenden. Sie haben die gleiche Heilwirkung.

Quanten-Selbstheilung
mit Erzengel Raphael

Geliebtes Kind des Lichtes, willst du eine erfolgreiche Heilung durchführen – für dich oder auch andere –, ist es wichtig, dich durch Meditieren und Visualisieren in Stille *vorzubereiten.* Je mehr du dein *Inneres* spüren und deine Gedanken *lenken* kannst, je größer dein Vertrauen, dein Glaube und deine Liebe an und für dich ist, um so besser, nachhaltiger kann dann Heilung – für dich und andere – geschehen.

Deshalb bereite dich folgenderweise vor:
1. *Übe zu visualisieren in Meditation und Alltag. Die Phantasie ist hier dein Helfer...*
2. *Komme ins Gleichgewicht mit allem, was dich umgibt. Dazu denke zu allem Tun und Sein stets Leichtigkeit und Freude: Engel umgeben, tragen, schützen, lieben mich immer.*
3. *Diszipliniere deine Gedanken, Gefühle, Emotionen.*
4. *Übe Gedankenhygiene, indem du alle neagtiven Gedanken durch positive ersetzt. Tue das unermüdlich.*
5. *Versöhne alle und alles mit deiner bedingungslosen Liebe.*
6. *Stärke deinen Willen durch Selbstreflektion und Überwindung, z.B. Selbstbehauptung, Sport, beim Abgewöhnen von Rauchen o.ä. Übe somit deine Stärke und deine Absicht.*
7. *Konzentriere dich auf und lobe deine guten Eigenschaften. Immer.*
8. *Übe und lebe Selbstliebe. Unentwegt. Lese nach unter Kapitel "Selbstliebe". Setze es um!*
9. *Festige deine spirituelle Rückverbindung zur Urquelle, Gott durch Liebe, Meditation, Gebete, Gespräche, Engel usw.*
10. *Male die abgebildete Raphael-Blume des Lebens mit ihren 13 Blüten und 6 Blättern (Ur-Matrix) immer wieder, damit du sie dann vor deinem Geistigen Auge entstehen lassen kannst.*

11. *Wisse. Glaube. Vertraue. Liebe. Es sind die Schlüssel!*
12. *Und... übe... übe... übe...*

Geliebtes Kind des Lichtes, damit du nun eine erfolgreiche Quantenheilung selbst ausüben kannst, setze dich in Geduld und Ruhe hin.

* Sehr entspannend können dabei Kerzen, Duft-Öle und sanfte Klänge/Musik für dich sein.
* Dann tauche bewusst *einige Minuten* in deine Selbstliebe ein, deine stärkste Heilkraft. Sie ruht in deinem Herzen.
* Tauche also bei jeder Heilung *vorher* tief in deine *Liebes-Herzenergie* ein. Fühle deine bedingungslose Liebe für dich.
* *Verbinde dich dann mit Mir.*
* Bist du in deiner tiefen Liebe angelangt, aktivierst du nun deine Selbstheilungskräfte und deine göttliche Schöpfermacht in Leichtigkeit.
* Sprich es dazu – laut oder leise – aus: *Ich aktiviere jetzt meine...*
* Nimm nun *bewusst* die Stille deiner Liebe in dir wahr. Schließe deine Augen, atme ruhig und fühle, *finde* die schmerzende Stelle am Körper oder benenne das Organ, *falls* du es weißt.
* *Sende deine ganze Liebe dorthin.* Hülle nun dein ganzes Ich damit ein.
* Du musst aber den Grund des Schmerzes *nicht* kennen, auch nicht das Organ. *Gib es in meine Hand. Lass dich von Mir führen!*
* Sieh jetzt meinen heilenden *rosé-grünen Opal-Kristall-Strahl, der aus meiner Mitte und von meinen Händen fließt.*
* Sieh, wie er dich einhüllt. Alles ausfüllt. Alles durchwirkt – deine Lichtkörper und deinen materiellen Körper.
* Sieh nun dein Organ oder die Schmerzstelle oder den Körper eingehüllt in *meinen Heil-Strahl* oder wie dieser lichtvoll strahlend *direkt* darauf einwirkt.
* *Stelle dir jetzt – vor deinem Geistigen Auge – die wundervolle Raphael-Blume des Lebens vor.*
* Gib jetzt zuerst *einer* deiner Zellen den *Hinweis* und bitte sie, diese göttliche *Heil-Form* wieder anzunehmen. *Es genügt eine Zelle.* Wie

du weißt, sind sie alle miteinander verbunden und geben diese Information sofort weiter!

* *Stelle dir jetzt eine Zelle vor – in Form eines Kreises – und lege die Heil-Blume geistig darauf.*
* *Visualisiere jetzt: Die Zelle nimmt diese (Blumen)-Form an und gesundet.*
* *Anschließend manifestiere den Gedanken im ganzen Zellsystem des Organs oder im ganzem Körper: jede Zelle wird jetzt zu einer Heil-Blume.*
* Ich helfe dir gerne dabei, falls dir das Visualisieren noch schwerfällt!
* Du kannst dir auch nur die äußeren 6 Blätter *vorstellen* und die *Blüten einfach als Zahl 13 hineinsetzen… den Rest bewerkstellige ich.*
* „Manifestiere" durch diese *positive* Vorstellung die Wiederherstellung oder Heilung. Etwa: Mein Bein funktioniert jetzt wieder wunderbar; oder mein Organ oder Körperteil ist vollends gesund oder durchströmt von einem großen Wohlgefühl.

* *Bitte beachte unbedingt: Es ist äußerst wichtig, immer positiv, genau und allein gegenwärtig, also **jetzt** zu affirmieren und laut oder leise zu sprechen, was geschehen soll!*

* *Stelle dir nun vor (= Imagination),* dass sich der Schmerz in Liebe und göttlichem Licht auflöst. (Vorheriges *üben* von Imagination unterstützt dich jetzt hierbei!)
* Oder aber sieh, wie Ich, *Raphael,* es heile durch Rausziehen, Rausnehmen, Auflösen…
* Sieh also deinen Körper oder z.B. dein Bein *jetzt* wieder in dem gesunden Zustand. Bleibe bei dieser Vorstellung. Manifestiere sie so immer wieder…
* *Danke…*

* *Um die Gesundung weiter zu unterstützen, sieh, wie diese geistige Raphael-Heil-Blume dein ganzes Sein durchwirkt, indem sie sich vergrößert, sich ausdehnt. Über deinen irdischen und auch alle deine Lichtkörper hinaus. In das göttliche All.*

* Ich halte dich dabei in meinen Flügeln aus Licht und Liebe und ein *zarter Strahlen-Regen* aus gold-rosé-grünen Heil-Blumen ergießt sich sanft über dein ganzes Sein.
* *Schwinge nun eine kleine Weile voller Freude, Vertrauen, Glauben, Leichtigkeit und Harmonie in diesen heilenden Energie-Blumen.*
* *Werde zu dieser Heil-Blume. (Oder visualisiere es für den Klienten.)*
* *Bleibe anschließend noch etwa 10–20 min in Ruhe liegen.*
* Die Wiederherstellung einer gesunden Zellstruktur beginnt nun…
* Nach jeder Heilbehandlung danke deiner Höheren Selbst-Seele und Gott-Vater-Mutter-Kosmischem Geist.
* *Und manifestiere die Gesundheit weiterhin in einer neuen – täglichen – Meditation!*
* *Dies kannst du auch, in Verbindung mit mir, deinem Klienten senden!*
* Behandelst du jemand anderen, bleiben alle Handlungen dieselben!

Geliebtes Kind des Lichtes, funktioniert eine Heilung oder Besserung *nicht gleich*, bitte habe Geduld, Ausdauer und Vertrauen und wiederhole die Heilung, *eventuell auch öfter.*

Dann täglich, und bleibe dabei, so lange bis Heilung eintritt. Sei also voller Liebe und Hingabe, ausdauernd und geduldig.

Erinnere dich: um zu heilen, ist es nötig, angenommene alte Vorstellungen loszulassen und sie durch neue Vorstellungen zu *ersetzen*. Somit transformierst du bzw. lässt du das *Ur-Bewusstsein* der Gott-Ganzheit jeder deiner Zellen wieder zu – durch deinen freien Willen und die Erschaffung lichtvoller Gedanken – und *löst* somit die Blockade, folglich Krankheit, auf!

Bitte bedenke auch, geliebtes Kind des Lichtes, dass ein schon lange bestehendes, angenommenes negatives Gedankenmuster – aus dem dann oft Krankheit entsteht – meist einige Zeit braucht, um gelöst zu werden! Doch immer Bin Ich dabei mit dir. Denn ich liebe dich.

Raphael

Beten – „die geistige Wirkkraft"

In oder durch ein Gebet *entfaltet* jedes göttliche Licht-Wesen, das ihr Menschen zu aller Zeit seid, sein *ganzes Potenzial* als universeller Schöpfer – denn er nutzt dabei die geistige *Anbindung* an die Urquelle-Gott, aus der er entsprungen und mit der er immer verbunden ist. Sobald er gedanklich Verbindung aufnimmt und sich bewusst macht, dass er allzeit *eins* mit allem ist, ist seine *Gott-Präsenz* für ihn sofort spürbar und *allumfassend anwendbar*. Getragen von diesem Wissen, *immer* an die göttliche Schöpfer-Quelle angebunden und von ihr geführt zu sein, entspringt daraus Kraft, Vertrauen, Hoffnung und Glaube, was immer die Basis für die *Wirkkraft* aller Zwiegespräche, Bitten und Gebete ist.

Geliebte Kinder des Lichtes, schon lange ist auf Erden bekannt und erwiesen – *durch vielseitige Versuche und Studien* –, dass Gebete Einfluss auf unterschiedlichste Umstände, Begebenheiten, Belange, Krankheiten und *anderes* haben. Bei *wissenschaftlichen* Versuchen, wo von fremden Menschen für Patienten, *die nichts davon wussten*, gebetet wurde, wurden klar erkennbare, positive Ergebnisse erreicht. Das funktionierte auch bei Babys, Tieren, Pflanzen und Bakterien!

Ihr könnt also für alles beten, was euch wichtig ist: Menschen – nahe und ferne –, Tiere, Umstände, Situationen, alle materiellen Dinge (z. B. auch Autos, Elektrogeräte usw.), eure Träume, Wünsche und Visionen. Jedwedes Wohlergehen.

Einfach alles, was euch betrifft oder begleitet auf Erden. Wir helfen euch gerne bei allem…

Gebete bewirken dabei u.a. frühere Gesundung, bessere Verträglichkeit von Medikamenten oder Schmerzmitteln oder gar deren Reduktion, größere Heilungs- wie Überlebenschancen und längere

Lebenserwartung. Auch Ängste und Stress konnten gemindert oder ganz gelöst werden.

Es kann aber nicht nur für andere hilfreich und heilend gebetet werden, sondern auch immer *für sich selbst*. Wird für andere gebetet, könnt ihr aber *immer* davon ausgehen, dass als allererstes der Betende sich *selbst heilt*! Bitte erinnert euch an das Gesetz der *Resonanz:* Was du gibst, kommt zu dir zurück. In diesem Fall, wo universelles Licht und Liebe aus wahrem Mitgefühl und eigener Herzensliebe gegeben wird, schwingt dieses göttliche Licht in jede Zelle, die damit verhaftet und verbunden ist. *Und das sind der Geber und der Empfangende:* denn die göttliche Heil-Energie *Licht-Liebe* ist weise, genial und vollkommen. So geht es einem Menschen, der für andere betet oder für eine *schwierige* Lebenssituation oder Begebenheit – wie ihr sie täglich aus euren Medien erfahrt – *selber auch gleich besser*.

Das ist die Genialität des Göttlichen. Und diese ist immer mit euch. Bitte, macht euch das bewusst. So könnt ihr alle Widrigkeiten des Lebens besser – gelassen und freudvoll – verwinden.

Betet ihr für andere, aber auch für euch selbst, so solltet ihr immer die Bitte: *zu seinem (meinem) Besten* – mit eingeben, denn so lasst ihr los und übergebt es der Weisheit der Engel.

Und diese werden immer das Beste dafür tun!
So, und nur so, erzielt ihr die besten Erfolge!

Denn ihr wisst nicht, könnt nie wissen, welche Vision eine Seele auf Erden verfolgt. Oder wie eine Sache, Situation oder Begebenheit sich entwicklen soll und kann (Karma!).

So wäre es z.B. in einem Krankheitsfall *egoistisch* und *zwingend* für den Betreffenden, der vielleicht noch nicht gesund werden will oder karmisch kann, wenn dringlich und *absolut* für Heilung gebetet wird. *Weil es so – vielleicht – nicht oder noch nicht vorgesehen ist*. Die *geistige Welt* arbeitet in einer anderen, *lichtvoll-wissenden* Energie, als es eure Verstandesgedanken meist tun: die sich eher, dem kleinen Ego folgend, Ergebnisse herbeiwünschen, die aber – vielleicht – *nicht* der betreffenden Seele, für die gebetet wird, entsprechen.

Auch ist es möglich, dass z.B. ein Mensch Gebete oder Verbindungen zum Geistig-Göttlichen *ablehnt*. Hier darf zwar *trotzdem* für ihn gebetet werden. Allerdings, durch den Zusatz *„zu seinem Besten"*, kann dann die Seele damit verfahren, wie sie will. Denn lebt dieser Mensch allein im *Verstandes-Bewusstsein*, will er ja *keine* geistige Hilfe annehmen. So ist das sein Wunsch und sein freier Wille – den die *Seele* aber bewusst *achtet*, deshalb zurücktritt und die im Gebet angebotene Licht-Liebe *nicht* annehmen *kann und darf!*

So zählt hier auf jeden Fall das Mitgefühl und die sorgende Liebe des Betenden, und vielleicht erreicht sie ja doch den noch Unbewussten… Engel sind ja immer hilfreich und erweckend an seiner Seite. Also ist immer jedes Gebet wichtig und niemals sinnlos, weil es in letzter Konsequenz immer Heilung schenkt.

Deshalb betet stets in tiefer Liebe und wahrem Mitgefühl, welche jede Wendung im Ablauf einer Begebenheit oder Krankheit zulassen und bei einer schweren Erkrankung auch den Tod als Heilung und Lebenssinn erkennen!

Immer aber sind Engel – einfallsreich und weise – dabei, ganz gleich, was geschah oder geschieht. Und immer können Wunder geschehen. Ein Wunder kann es aber auch für eine Menschenseele sein, findet sie sich bei einer schweren Krankheit, plötzlich geführt und getragen von Engeln, schmerzfrei und befreit von aller irdischen Last (durch den Tod) in den himmlischen Ebenen des Lichtes wieder; kann dort umhüllt von kristallinem Licht und unendlicher Liebe heilen und neue Kraft schöpfen.

Das ist immer der Wunsch jeder Seele. Heimzugehen: um mit neu geschöpfter Kraft den Weg der gott-gewünschten Vision fortzusetzen und zu vollenden.

Bitte versteht…

Geliebte Kinder des Lichtes, wie ihr wisst, *manifestiert* sich jeder Gedanke *sofort*. Betet ihr für eure Kinder oder Liebsten, um sie zu *schützen*, so verbindet euch mit mir: Gemeinsam *schwingen* wir dann Gedanken-Manifestationen – in Form von Lichtstrahlen – des Schutzes, von Kraft, Mut, Freude, Licht und Liebe – oder was ihr sonst noch wünscht – in ihre Aura. Fortan kann nun diese wundervolle, heilsame und hilfreiche Energie wirken. *Was sie immer tut.*

Bitte, denkt immer daran, dass, wenn ihr Angst um eure Kinder oder Liebsten, z.B. auch Tiere habt, ihr diese *nachhaltig* in deren Aura *manifestiert. Und ihr wisst, dass es wirkt!*

Doch solltet ihr vor allem auch für euer Wohlsein und Befinden beten: z.B. um einen gesunden Schlaf zu haben. Dazu überdenkt den Tag liebevoll und hebt mit mir Schwieriges, Trauriges oder noch Unerfülltes, Unerledigtes, dass euch Unruhe bereitet, ins Licht. Gebt es einfach in meine Hände, und mit eurer Bitte und eurem Dank werde ich es tragen... *durch die Nacht,* damit es euch nicht belastet. Und mit mir sprechend in den Schlaf zu gleiten, wobei meine Helfer in euren Schlafräumen *schützend präsent sind,* hüte ich euch und eure Seelen. Ein tiefer, gesunder Schlaf und ein erfrischtes Erwachen ist euch so sicher.

Geliebte Kinder des Lichtes, wie gesagt, bestimmt eure *kristallklare Intention,* euer Glaube und die Tiefe eurer Liebe die *Wirkkraft* eines Gebetes – und euer großes *Vertrauen,* dass *Engel im Zwiegespräch* mit euch immer ein bestes Resultat für jeden erwirken werden.

Hier loszulassen und es abzugeben, ist im universellen Sinne ein wahres – heilendes – Gebet! Alles andere ist nicht wahr und ehrlich. Bitte beachtet das stets. Wir danken euch dafür.

Denn immer unterliegt alles, was geschieht, letztendlich göttlicher Führung, durch Engel ausgeführt.

Und nur weil es nicht so kommt oder kam, wie erbeten, gar nichts geschah oder erst sehr viel später – sodass es in Vergessenheit geriet – wurde ein Gebet nicht ignoriert! Sondern der *freie Wille und das Karma* der Menschenseele wurde hier *geachtet.* Was dem Verstand allerdings *nie* geläufig ist. Und ihr wisst alle, dass dies das *Wichtigste* auf Erden ist.

Geliebte Kinder des Lichtes, bitte glaubt, eure Gebete werden immer erhört. Und sie sind zu jeder Zeit eine absolut präzise, wirksame

Heilkraft und lichtvolle Heilschwingung. Und sie sind zuverlässig. Doch Geduld, Gelassenheit, Ruhe, Herzensweisheit und Stille sind die *Erkennungs-Helfer* dabei.

Allerdings werden oftmals aus Ungeduld, Unglaube und zu wenig Vertrauen Zeichen, und somit göttliche Führung, *nicht wahrgenommen*. Kommt oftmals Anderes als Gewünschtes, *wird auch hier nicht verstanden*, dass die Seele hier *mitwirkt*: entsprechend dem karmischen Schicksals-Rahmen. *Doch Hilfe kommt immer...*

Grundsätzlich wird durch Beten alles leichter, besser, fließender, harmonischer, friedvoller und freudvoller. Alles wird immer im Rahmen des Möglichen (Karma) erhellt und geheilt.

Und bitte wisst immer, geliebte Kinder des Lichtes, dass keine Bitte oder Wunsch zu klein, unwichtig, profan, trivial oder gar dumm wäre. Dass es mir oder uns lästig wäre, uns stören oder ärgern würde, sendet ihr viele, immer wieder oder unentwegt – ev. die gleichen – Bitten und Gebete zu uns. Ganz im Gegenteil: Größte Freude, Mitgefühl, Frieden und Liebe schwingt dann in unseren Herzen, wissen wir doch, dass ihr an uns denkt, an unsere göttliche Kraft glaubt und dass wir unserer einzigen Aufgabe nachkommen können: jedem von euch, die ihr uns Schwestern und Brüder im Lichte und der Liebe Gottes seid, zu helfen. Euch zu tragen auf unseren himmlischen Flügeln, die gewoben sind aus den goldenen Strahlen der Gott-Herrlichkeit, damit ihr fühlen könnt, wie sehr wir euch lieben.

Und all jenen, die verdrossen sind, zornig, traurig und mutlos, weil sie denken, dass ihre Gebete nie erhört wurden oder werden, rufen wir besonders mit unserer tiefsten Liebe zu: Versucht es noch einmal. Sendet eure Bitten und Wünsche, damit wir tätig werden können. Glaubt. Vertraut. Hofft. So sendet eure Gebete, Bitten, Wünsche und lebt dann Hoffnung, die euch mit unserer göttlichen Universalkraft bindet und verbindet.

Wir lieben euch so sehr.

Raphael und die Erzengel

Das Heilkraft-Wunder „Versöhnen"

Geliebte Kinder des Lichtes, vieles habt ihr nun über geistiges Heilen, dessen Möglichkeiten und Anwendungen gelesen.

So will ich, Erzengel Raphael, Lenker des rosé-hellgrüngoldenen *Opal-Kristall-Strahles* der Heilung, euch nun noch ein *Wichtigstes* mitteilen.

Denn um eure Heilungsprozesse *wahrhaftig und nachhaltig* zu gestalten, ist es wichtig und unerlässlich, sich zu *versöhnen* und zu *vergeben.*

Diese Tatsache bewirkt dann ein Heil-Wunder, dass jedwede Heilung endgültig und vollendet in eurem Körpersystem manifestiert.

Und Wunder sind göttliche Realität und ihr solltet sie oft wie möglich erwarten.

Ihr wisst, dass alles, was gedacht, gefühlt und getan wurde, als Energie in eurem Zellgedächtnis *gespeichert* ist. Und ihr wisst auch, dass Energie immer Information enthält, die, weil sie göttlichgenial ist, *ein Eigenleben hat und auch führt.*

So sind Gedanken und *Erinnerungen* an schlimme Erlebnisse, schwierige, schicksalhafte Begegnungen und Begebenheiten immer in euch *unentwegt* Negativität erzeugende *Quellen*. Diese gespeicherten Gedanken und Emotionen erzeugen dann Schwere, Trauer, Leid, vielleicht auch Wut, Schmerz, Schwäche, Mutlosigkeit und Hoffnungslosigkeit, ja, meist auch Krankheit.

Diese Faktoren belasten euer *ganzes* Körpersystem und alle Organe. Oft ist es euch auch gar nicht bewusst.

Und so schleppen sich manche von euch, nicht wissend warum, mutlos, traurig und missmutig durch ihr Leben, anstatt freudvoll und in beschwingter Leichtigkeit, kraftvoll, erfolgreich und aktiv durch ihr Leben zu gehen.

So ist es an euch, zu verstehen, dass eine schwierige Situation, Begebenheit oder Beziehung *erst dann* wirklich gelöst und geheilt werden kann, *versöhnt ihr sie.* Allerdings fällt es den meisten von euch schwer, diese – einzige – Wahrheit anzuerkennen und dann zu leben.

Und so sagt ein Sprichwort auf Erden dazu: *Ich kann es wohl vergeben, aber vergessen nie.*

Doch wer nicht vergisst, lässt auch nicht los. Und jeder Gedanke daran bedeutet immer eine *karmische* Verknüpfung, die *gehalten* wird: *so wie ein Telefongespräch,* das eben *nicht* beendet wird. Und so schwingen hier unentwegt alle – heftigen –Emotionen und Gefühle zwischen diesen beiden Parteien hin und her; zwar *unbewusst* für den Verstand, aber dafür um so *bewusster* für den Geist.

Den allerdings schalten die meisten dabei ja auch aus. Doch, ich bitte euch, ihr solltet beachten, dass allein der Geist alle Impulse aussendet. Und diese wiederum auf euren irdischen Körper und seine Organe wirken! Und ihr wisst, was das bedeutet.

Und so sage ich euch mit liebevollem Nachdruck… lasst los.

Versucht es. Versucht es immer wieder.

Übt Gedankenhygiene… und Disziplin!

Ihr solltet Schwieriges, Trauriges, unglücklich Vergangenes deshalb loslassen, weil ihr wisst, dass es euch einen großen Dienst erwiesen hat. Tief in euren Herzen steht dafür diese göttliche Weisheit geschrieben: Die Wege der Erkenntnis führen allein durch Dunkelheit ins Licht. Bitte erkennt, nur durch Loslassen versöhnt ihr – und allein Versöhnen bewirkt wahre und endgültige Heilung. Geschieht dies nicht, wird und kann die Heilung nie vollkommen werden und sein.

Wollt ihr also wirklich bei strahlender Gesundheit sein und bleiben und über unerschöpfliche Lebenskraft verfügen, so versöhnt euch.

Versöhnt aus tiefstem Herzen und Wahrheit.

Versöhnt immer wieder.

Versöhnt alles. Egal, was geschah.

Versöhnt euch mit jedem. Egal, was geschah.

Versöhnt euch vor allem mit euch selbst… ganz gleich, um was es geht.

Ihr werdet nicht nur, wie gesagt, ab sofort ein wundervolles, harmonisches, friedfertiges, freies Leben entfalten in aller Sicherheit, Schönheit und Fülle, die Mutter Erde euch täglich schenkt, sondern *vor allem* eurem Körper und allen Organen *gerecht* werden!

Denn medizinisch nachweislich werden durch Versöhnen depressive Stimmungen *aufgelöst*, Blutdruck gesenkt; ja, alle Herz-Kreislauf-Erkrankungen *verhindert oder geheilt*. Selbst Übergewicht löst sich und Rückenschmerzen heilen, weil ihr auch durch *Versöhnen in Liebe* das Gesetz der Resonanz *dienstbar macht:* Ihr wisst, dass alles, was ausgesendet wird, immer in *gleicher Weise* zu euch zurückkommt. Also steht jeder, der *nicht* versöhnt, aus Wut, Hass, Ärger oder Opferverhalten, in einer *stetigen Befeuerung*, Beeinflussung genau dieser negativen Gefühle und Emotionen.

Bitte beachtet dabei euer Karma, auch wenn ihr nichts Genaueres darüber wisst: Vielleicht war ja in einem eurer *schicksalhaften* Erlebnisse eine Wiedergutmachung *eurerseits nötig. Vertraut deshalb und versöhnt euch trotzdem.*

Dazu möchte ich euch noch dieses sagen: Sollte einer von euch Schlimmes erlebt oder viel verloren haben und es wäre nicht gerecht gewesen, so wird der Himmel es wiedergutmachen, indem er es euch… durch eine glückliche Wendung… wieder zurückgibt.

Das verspreche ich euch! Bitte glaubt!

Bitte beachtet des Weiteren, Versöhnen beginnt immer zuerst bei euch selbst.

Da jeder von euch ins Gesetz der Resonanz auf Erden eingebunden ist, *muss* dies bei euch *beginnen,* um im Gleichklang zu schwingen: denn nur was in Gleichklang und Harmonie schwingt, *befindet sich im göttlichen Ausgleich der Liebe und des Lichtes;* kann so heilen und im Umfeld Heilung bewirken.

Seid ihr also bereit, alles Schwierige, Dunkle, Böse, Traurige, alles Unglück und vielleicht Ungerechte *hinter* euch zu lassen… nicht mehr *zurück*zusehen in Zorn, Ärger, Wut, Hass oder Ohnmacht, so werden diese unerfreulichen Gedankenmanifestationen in eurem Jetzt und in Zukunft *kein* Unglück oder Leid mehr *verursachen* können. (Was ansonsten mit absoluter Sicherheit geschieht und geschehen kann!)

So habt ihr sie weise, mitfühlend, klug und ehrlich-bewusst erlöst: keine Gedankenkraft und somit Lebenskraft *fließt* mehr in diese dunklen Schöpfungen. Sie lösen sich nach und nach in eurer Aura auf. Wie ein Luftballon, dem man die Luft auslässt.

Bitte, denkt darüber nach!

Und bitte bedenkt:

dass euer Geist reich wird durch das, was er empfängt;

das Herz durch das, was es gibt...

Und seid ihr dann bereit zu handeln, geht folgendermaßen vor:

Vergeben: Erschaffe Gedanken des Vergebens, *sprich sie immer wieder aus:* laut und leise, weil du weißt, dass *niemals* eine *Schuld* bestand, sondern dass sich hier, der göttlichen Weisung folgend, Licht und Schatten *in Ausgleich brachten.*

Verzeihen: Verzeihe aus tiefstem Herzen, weil du nur so auch dir *selber* verzeihst.

Vergessen: *Vergiss,* weil du sonst Schmerz, Trauer, Unglück und alles Dunkle *unentwegt wieder* in deiner Aura manifestierst. *Kommt* ein Gedanke daran, *ersetze ihn sofort* durch einen neuen, glückvollen Gedanken: ganz gleich worüber, einfach nur freudvoll!

Allein so lässt du alles los und befreist dich allmählich davon. Bitte bedenke dabei, dass es Zeit benötigt.

Versöhnen: Weil du weißt, dass du nur so Frieden und alles Glück und Fülle der Erde für dich gewinnen kannst. *Und Gesundheit.*

Ihr Liebsten, so bitte ich euch im Namen eurer Höheren Selbst-Seelen, erkennt und versteht diesen genialen und Wunder...vollen Aspekt jeder Versöhnung. Seid klug und weise für euch. Versöhnt: ehrlich, wahr, aus reinem Herzen, in allumfassendem Licht und bedingungsloser Liebe. Heilt euch so vollends und wahrhaftig. Glaubt.

Eine hilfreiche Affirmation hierfür wäre:
Liebevoll versöhne und vergebe ich mir und allem, was je war – denn alles, was war, hat mir in Liebe und Weisheit gedient. Ich sende Licht und Liebe jedem und allem. Danke.

Aber hört, ihr Kinder Gottes, ich weiß sehr wohl, wie schwer es ist, euch wahrhaft zu versöhnen. Und so sage ich euch, habt Geduld mit euch, wenn ihr euch anschickt, diese größte Herausforderung auf Erden anzugehen. Wisst, dass es die größte Leistung eines Menschen auf Erden ist, sich zu versöhnen; alle Wut und Hass zu überwinden und zu verstehen, dass immer ein größerer Sinn hinter allem verborgen ist, der nicht gleich erkannt werden kann. So handelt meisterlich. Zeigt, dass ihr würdig seid, Meister genannt zu werden. Und dass euch sehr wohl die Ehre zusteht, Krieger des Lichtes geheißen zu werden. Habt ihr doch, wenn ihr versöhnt, das Größte und Wichtigste auf Erden vollbracht, weshalb eine Seele auf Erden inkarniert ist: GOTT zu repräsentieren in seiner All-Weisheit, All-Mächtigkeit, All-Einheit, All-Bewusstsein und All-Liebe.

Geliebte Kinder des Lichtes, so geht nun voller Liebe und Licht im Herzen eure Wege der Meisterschaft und nutzt diese wundervolle Arznei des Vergebens, Loslassens und Versöhnens. Öffnet dabei angstfrei, mutig und mitfühlend eure Herzen und schenkt euch und der Welt Heilung. Werdet zum wahren Heiler, weil ihr euch eures göttlichen Erbes erinnert: zu erblühen auf Erden in aller strahlenden Göttlichkeit und als fruchtbarer Same.

Ich liebe euch für euren Mut.

Raphael

13 Goldene Regeln für Dich

Geliebtes Kind des Lichtes, diese 13 göttlichen Weisungen, die ich dir hier vermitteln darf, können dir helfen, wendest du sie täglich an, deine Körperlichkeit wie dein geistiges Sein in Gleichklang, Leichtigkeit und Freude zu bringen: um so universelle Schönheit, Harmonie, Fülle und Frieden in deinem Alltag… in deinem Leben zu manifestieren.

So denke und sende stets aus:

1. Ich liebe Mich.

2. Ich nehme Mich an, wie Ich Bin.

3. Ich Bin ehrlich und geduldig mit Mir.

4. Ich verzeihe Mir und versöhne Mich mit allen Dingen meines Lebens.

5. Ich Bin unendlich dankbar und liebe Mein Leben, wie es ist.

6. Ich beobachte Mich, urteilslos und wertfrei.

7. Ich Bin aufmerksam und geduldig mit Mir.

8. Ich freue Mich täglich grundlos.

9. Ich Bin stets gelassen und glaube an Mich.

10. Ich Bin jederzeit in Frieden und Freude mit Mir.

11. Ich Bin voller Mut und Entscheidung für Mich.

12. Ich diene mit vollster Hingabe MIR und dem Einen Ganzen.

13. Ich gebe Mich vertrauensvoll und angstfrei in den Fluss des Lebens ein – allzeit den Willen Gottes ehrend und achtend.

Und, geliebtes Kind des Lichtes, trage diese Worte stets in deinem Herzen
und auf deinen Lippen:
Ich Bin ein göttliches Ich Bin.
Ich bin ein göttliches Kind.
Ich bin immer in Gottes Hand... und Engel sind immer bei Mir.

So wird sich dir der Himmel auf Erden zeigen. Und ich... denn ich liebe dich über alle Maßen.

Raphael

Der himmlische Weg zu Dir

Geliebtes Kind des Lichtes, nun, am Ende dieses Buches möchte ich dir noch von Heilung, *allein für dich,* sprechen. Dein Weg auf Erden ist immer *universell-konzipiert* als ein Weg der Heilung: in erster Konsequenz für dich. Dann für die Welt.

Und soll dein Weg ein himmlischer werden, so steht an erster Stelle das Versöhnen: mit dir und der Welt.

Denn nur wenn du dich versöhnst, lässt du alles Leid, Elend, Unglück, Hass, Wut, Trauer, Schmerz, Begrenzungen, Unsicherheiten, Druck und Krankheit los, sodass du diesen dunklen Aspekten auf Erden *weder begegnest* noch dass sie dich und dein Leben *beeinträchtigen.* Du wirst sie vielleicht von der Ferne noch sehen, *aber sie werden dich nicht mehr betreffen und treffen.*

So sei weise und handle klug für dich.

Du bist und warst immer der Schöpfer deiner irdischen wie himmlischen Wirklichkeiten. Bitte erinnere dich…

Erschaffe deshalb in deinen Gedanken allein Freude, Wahres, Gerechtes, jegliche Fülle, Schönheit, Gutes und Wohliges in jedweder Form und streue diese himmlischen Blüten hinaus in die Welt. Damit sie einst Früchte tragen.

Und erforsche dich. Wie *geht* es dir *wirklich*? Achte auf deine Emotionen und Gefühle. Schaue ganz *ehrlich* hin. Was willst du *noch tun* auf Erden. Schenke dir Zeit, Ruhe, Stille… Geduld, um es zu ergründen. Erkenne dabei deine Prioritäten: *Was ist machbar und was solltest du in meine, unsere Hände legen.* Ändere dazu deine alten Glaubenssätze, um etwas zu erreichen. Und dann *tue es* oder lasse es *weise* los. Ganz gleich, was andere dazu meinen.

Hier bist nur du gefragt!

    Bestehe deine Tage in dieser besonderen Zeit im Gleichmut und der Liebe deines Herzens, bedingungsloser Weisheit und Vertrauen. So wird der Weltenspiegel dir genau das zeigen… und in genau diesem hellen, strahlenden Lichtschein wirst du alsdann behütet und geschützt wandeln….

Dein Leben wird der Himmel auf Erden werden und sein, denn nicht anders ist es vorgegeben von der All-Liebe und All-Mächtigkeit Gottes für jedes seiner über alle Maßen geliebten Sternenkinder, die ihr alle seid.

Und so sage ich dir:

Tritt zurück: um vorwärtszukommen.

Gehe langsam: um schnell zu sein.

Nutze bedächtig deine Kraft: um stark zu sein.

Denke Friede, immer: so wird immer Friede bei dir sein.

Schenke Versöhnung: um beschenkt zu werden.

Sei gelassen, geduldig: so bist du ein wahrer Meister.

Sei leise und sanft, wenn du sprichst: dann bist du wahrhaft ein Weiser.

Sei ausdauernd und freundlich: um kompetent zu sein.

Denke göttlichen Schutz und Führung: um Angst zu lösen.

Liebe und achte dich: damit andere es auch tun.

Vertraue dir: nur so werden auch andere dir vertrauen.

Gib anderen Mitgefühl, Hingabe, Geduld: damit sich diese Aspekte in deinem Leben heilend entfalten.

Spreche immer wieder das Zauberwort: *Danke…* und Dank wird dich einhüllen.

Erschaffe in deinen Gedanken Glück, Leichtigkeit und Freude: so werden sie deine treuen Begleiter sein.

Übe nie zu heftig Kritik: denn in gleicher Weise wird auch mit dir verfahren werden.

Vermeide jeden Streit: weil du im Herzen ein Heiler bist.

Sei immer ehrlich, umsichtig, wahr: so wird sich das Leben, in letzter Konsequenz, allein so zeigen.

Glaube, dass du göttlich bist: und alle deine göttlichen
Talente und Begabungen werden sich entfalten.
Sei tolerant und verständnisvoll: so bist du wahrhaftig.
Erkenne, allein in dir liegt alles, was du brauchst: hole es durch
gelebte Stille, Vertrauen und Glauben in deine Welt!

Und wisse stets:
Nur was du in dir heilst, heilst du auch
in anderen, und zwar im gleichen Augenblick!
Und liebe, achte dein Hier und Jetzt. Denn nur wer die Gegenwart
liebt, kann
die Zukunft leicht gewinnen.
Und sende täglich Licht und Liebe in deine Welt: und sie wird es
dir in großer Fülle zurückgeben.

Falls es dir aber trotz allen Anstrengungen schlecht geht, du das Gefühl
hast, nie verstanden und respektiert zu werden, obwohl du immer Tole-
ranz, Mitgefühl und Liebe schenktest, voller Respekt immer zurücktra-
test, bist du ein Heiler und Krieger des Lichtes, der sein Leben und Sein
bewusst Gott-Allem-Was-Ist verschrieben hat.

So warst du bereit, am Anbeginn allen Seins Menschengeschwis-
tern zu helfen, die viele Inkarnationen und Weltenzeiten lang, *behin-*
dert durch ihre dunkle, unbewusste Schöpfermacht, ihre göttliche Vision
nicht erbringen konnten.

So gingst du mit ihnen und warst bereit, indem du ihre Unzulänglichkeiten liebevoll und mitfühlend erduldet hast, ihnen ein großer,
mächtiger, göttlicher Spiegel zu sein: damit sie erkennen und so lösen
und heilen könnten. *So bist du unendlich gesegnet und geehrt;* und wir
Engel in den himmlischen Ebenen des Lichtes und den Sphären der
Liebe beschützen deine Wege und dein Tun *in besonderem Maße.*

Wisse, niemals warst oder bist du verlassen! Immer bist und warst du
eingehüllt und getragen von unseren machtvollen Strahlen, die alle gött-
liche Herrlichkeit und Opal-Kristallkraft in sich tragen. Immer hielten
wir deine Hand…

Und lasse alle Angst los, siehst du noch alte Fehden auf Erden, die sich jetzt noch entwirren und auflösen müssen: weil die göttlichen Weisungen der 5. Dimension: „Geist siegt über Materie und allein die Liebe siegt", für jeden Menschen auf Erden richtungsweisend und unumgänglich sind!

Du weißt doch, in welch' *wundervoller Zeit* der Wandlungen und Transformationen du jetzt auf Erden lebst! *Noch ist nicht alles ins Licht gehoben und in Liebe erhellt worden*; doch betrifft es nur *jene*, deren karmische Verstrickungen *noch* miteinander verbunden, *verhaftet* und so noch nicht gelöst sind.

Bitte bedenke in allumfassendem Mitgefühl und Weisheit, dass jene *beteiligten Seelen* sehr glücklich sind, dass sie diese Aufgaben nun lösen *können*. Auch wenn du es als entsetzlich, schrecklich, vielleicht ungerecht, empfindest. *Bitte, denke weiser…*

Und es ist an dir, hier als Heiler zu agieren, indem du täglich für den *Frieden der Welt* betest – *vor allem aber*, indem du in *deinem Umfeld* für Frieden, Freude und Mitgefühl mit größtmöglicher Hingabe sorgst. *Mit jedem und für jeden*. So handelst du *wahrhaft* göttlich.

So, wie es dir ansteht: bist du doch gottgeboren aus Licht und einzig Liebe!

Begegnen dir Spitzfindigkeiten, Boshaftes oder Dümmliches, *lächle es kraft deiner Herzensweisheit weg*. Lass dich nicht auf Streit oder Aggression ein, *verhöhne nicht* oder werde ausfällig. Das steht dir nicht gut: du bist ein göttliches Kind der Liebe!

Bitte verstehe, dass mancher Mensch seine Liebe noch nicht befreit hat.
Aber du bist ein Friedensstifter auf Erden! In deiner Welt!
Dafür hast du inkarniert.
So hülle alles in Liebe ein und löse es so.
So bist du der, der du sein kannst.
So lebst du Liebe in Vollkommenheit.
So, und nur so, öffnet sich dir der Himmel auf Erden.
Und wisse stets, du hast immer die Wahl.

Wähle weise!

Geliebtes Kind des Lichtes, erinnere dich täglich, dass du immer und zu aller Zeit, an allen Orten, bei allem Geschehen ein gesegnetes göttliches Kind bist. Egal, was passiert!

Das bedeutet, dass du stets in Gottes Hand und geschützt bist und Fülle, Freude, Glück, Frieden, Freiheit, Gesundheit und planetare Weisheit dein Geburtsrecht sind!

Und erinnere dich immer daran:

Alle Wege führen *irgendwann* zu Gott... *und Geduld ist die wahre Kraft des Meisters.*

Und: Es braucht niemals für irgendjemanden auf dieser Welt eine Zurechtweisung.

Noch Wertung.

Noch Urteil.

So verfolge achtsam und mutig allein deinen Weg und sende Licht und Liebe nach allen Seiten aus. So handelst du in unserem Namen, streust Samen und Blüten engelhafter Reinheit, Klarheit und himmlischer Schönheit auf deinen Weg der universellen Vision. Stützt die Achsen des Kosmos und ermöglichst die Metamorphose, die Licht gebiert und Liebe schenkt. Und löst in machtvoller Hingabe alle Polarität. Denn du wandelst als wahrer Heiler auf Mutter Erde.

Heilst so dich selbst... und die Welt.

Sei gesegnet dafür, du wundervoller Seelenstern.

Unsere Macht und Weisheit ist mit dir.

Wir lieben dich unendlich.

Raphael, Michael, Aannathas, die OrganEngel und alle himmlischen Helfer

Harmonisierung aller Organe
Meditation

Begib dich an einen dir lieben Ort der Ruhe.
Vielleicht spielst du dazu himmlische, zaubervolle Musik.
Gerne bin ich, *Erzengel Raphael*, jetzt mit dir.
Atme nun mehrmals ein und aus, bis du ruhiger wirst.
Dann konzentriere dich allein auf deinen Atem.
Atme tiefer und länger. Aber atme sanft und leicht.
Während du atmest, gehe nicht auf sich zeigende Gedanken ein. Lasse
sie vorbeiziehen!

Sieh nun, wie mein rosé-hellgrüner Heilstrahl dich einhüllt.
Fühle die Liebe darin und die göttliche Heilkraft.
Verbinde dich jetzt mit den Engeln deiner Organe: Rufe sie liebevoll an.
Bitte sie, jetzt mit dir zu sein.

Stell dir nun vor, dass jeder Organ-Engel ein buntes Licht, eine
Flamme ist.
Mein Licht und meine Liebe erhellen nun jede Flamme, sodass sie
hell *zu leuchten* beginnt.
Du fühlst wohlige Wärme und wundervolle Geborgenheit, die dich
harmonisch durchströmen.
Reinigung, Klärung, Harmonie, Heilung, Licht und Liebe durchflu-
tet dich.
Du fühlst dich sehr, sehr wohl und schwingst voller Freude in dieser
Liebes-Energie.
Sieh, wie die Flammen beginnen zu strahlen, zu leuchten, *zu tanzen.*

Bleibe eine kleine Weile in diesem wundervollen Leuchten.
Tanze mit deinen Organ-Engelchen.

Auf einer himmlischen Wiese.
Tanze ausgelassen mit ihnen.
Vielleicht willst du ihnen etwas mitteilen.
Vielleicht mit einem bestimmten Organ-Engelchen sprechen.
Dann tue das – liebevoll – jetzt.
Sie lieben dich sehr, sprechen gerne mit dir.
Mit ihrer ganzen Hingabe hüllen sie dich jetzt in Liebe ein.
Schwinge voller Leichtigkeit und Harmonie und schwebe wie auf Himmelswolken.

Ich bin bei dir, um dich zu halten… denn ich liebe dich.
Fühle, dass alle deine Organe *strahlen:* erfrischt, gesund, stark und heil sind.

Bleibe eine kleine Weile in dieser Freude und tanze fröhlich…
Dann, wenn du dich gut fühlst, verabschiede dich und danke den Engeln und deinem Körper.

Nun atme dich langsam wieder in das Hier und Jetzt.
Atme sanft, locker und lenke bewusst deine Aufmerksamkeit.
Spüre, wie kraftvoll und erfrischt du bist.
Komme allmählich,voller Vertrauen und Freude, wieder in die irdische Wirklichkeit zurück.
Erfreue dich an deiner erneuerten Lebenskraft und gehe mutvoll die Wege deiner Vision weiter.
Wir Engel sind dabei immer an deiner Seite. Denn du bist ein Teil von uns. Wir lieben dich.

Nachwort

Als mich Erzengel Raphael berief, dieses Buch zu schreiben, wurde mit erst allmählich beim Wahrnehmen der Kapitel klar, wie umfangreich diese Arbeit werden würde.

Ich sage deshalb *wahrnehmen*, weil mir die Geistige Welt, wie auch bei den vorherigen Büchern, alle Kapitel des Buches innerhalb von *wenigen* Minuten übermittelte, sodass ich kaum mit dem Aufschreiben nachkam.

Kaum dachte ich, stirnrunzelnd, darüber nach, wie das wohl gehen könnte, da meldete sich auch schon *Erzengel Ariel*, der *große Heiler der Erde*. Und ich verstand sofort, was das bedeutete.

Nun, zu erfahren, wie unsere Körper geistig-universell ausgestattet sind, und zu begreifen, wie dieses geniale *Zusammenspiel* von allen göttlichen Impulsen und Manifestationen, die in uns schwingen, letztendlich funktioniert, sind eben zwei paar Schuhe! *Das war mir dann sofort sternenklar.*

Denn Ariel teilte mir mit, dass er mich dabei führen und mit mir sprechen würde: über das Umsetzen, Anwenden und den tieferen *irdischen Sinn* aller geistigen Aspekte, die einen Menschen ausmachen.

Dieses vierte Buch der *Aannathas-Reihe* soll seinem Wunsch entsprechend den Titel „*Heilige Erden-Medizin*" tragen und wird im Laufe des Jahres 2016 erscheinen.

So erfüllt Erzengel Aannathas Gottes Auftrag.

Denn jetzt in der *Neuen Zeit,* die, erfüllt von dem *kristallinen* Opal-Strahl, *durchlässig, heilbringend und erleuchtend wie nie zuvor wirkt,* haben auch die Engel neue, *erweiterte* Möglichkeiten, den Menschen auf Erden zu helfen.

Und so werden noch *viele* Erzengel über ihre besonderen Botschaften und Hilfen unter der Leitung des *Ersten Engels Aannathas* liebevoll und weise berichten.

Erzengel Ariel wird in seinem Buch über Anwendungsmöglichkeiten, Arten und Fülle vieler irdischer Arzneien, u.a. von Kräutern und Steinen, der Weisheit der Pflanzen, über Nahrung, aber auch über die *himmlischen Farb-Ebenen des Lichtes und der Heilung* sprechen.

Er berichtet über Entspannungs-Techniken, Meditation, Imagination, Selbst-Hypnose, Selbstfindung, Natur-Medizin, die Bedeutung von Krafttieren, erklärt Krankheitsbilder und noch einiges mehr.

Erzengel Ariel wird uns also voller Liebe und Hingabe im nächsten Buch *seine* göttlichen Weisheiten und die nährende *MutterEnergie* der Erde vermitteln. Und ich fühle, wir können uns schon jetzt darüber freuen…

Denn er führt uns in himmlische Gärten… die wir aber auf Erden finden werden.

Liebe Freunde und Wegbegleiter,

so soll ich euch hier noch zuguterletzt im Auftrag von Erzengel Raphael mitteilen, dass alle in diesem Buch beschriebenen Vorschläge und Erläuterungen über verschiedene Befindlichkeiten, Krankheiten und Krankheitsbilder usw. *immer* nur als liebevolle, unterstützende Weisungen, Ratschläge oder vorbeugende Maßnahmen angesehen und verstanden werden *sollen*.

Sie sind lediglich als Hilfen zur Aktivierung des Selbstheilungsprozesses gedacht!

Sie schließen somit einen Arztbesuch zu keiner Zeit aus.

Somit übernehme ich als Autorin, wie auch der ch. falk-verlag, für alle Texte dieses Buches keine Gewähr.

In Licht und Liebe

Ursula Frenzel

Danksagung

Meinen größten und tiefsten Dank spreche ich hier Erzengel Raphael aus. *Erzengel Raphael, ich liebe dich.*

Er führte mich weise und sehr geduldig bei den vielen Zeilen dieses Buches, das er mich berufen hat, zu schreiben.

Das machte mich sehr glücklich, und Vieles, was in mir ruhte, wurde dabei *bestätigt.* So freute ich mich mitunter sehr über die wundervollen Informationen, die ich niederschreiben durfte.

Aber auch Erzengel Aannathas sende ich tiefsten Dank. ER ist mein *Geistiger Führer,* der mir den Weg meiner Vision auf Erden zeigte, mich dabei lenkt und schützt. Und er begleitet mich seit frühester Jugend.

Erzengel Aannathas, unendlichen Dank für alles… Ich liebe dich.

Und ebenso von Herzen Dank an Erzengel Michael, der mich bei dieser Arbeit mit seiner unermesslichen Kraft und Weisheit unterstützte. *Liebsten Dank, du wundervoller Engel…*

An meine Liebste, meinen *Schutzengel,* sende ich großen Dank… dass sie meine Hand immer so fest hält.

Saturn, dem großen, weisen *Sternenmeister,* der mich als Steinbock-Geborene hält und erfüllt mit seiner göttlichen Macht und universellen Meister-Energie, sende ich ewig innigsten Dank. *Ich danke unendlich und liebe dich.*

Aber viele weitere Erzengel, Engel, Elfen und Lichtwesen waren an meiner Seite, als dieses Buch entstand.

Ich liebe euch alle sehr und schenke euch mein Herz. Danke…

Liebevollsten Dank auch an meine Schwester Claudia, die mir in diesen turbulenten Zeiten immer eine kleine Weile, einen weisen Rat und liebevolle Worte schenkte.

Ich liebe dich sehr… Danke.

Meinem Sohn Maximilian danke ich ganz besonders – für seine intelligenten Gedankengänge, seine künstlerischen Fähigkeiten (er entwarf meine Buch-Cover) und die Zeit, die er mir gab, wenn wieder einmal die vielen gechannelten Texte des Buches in meinem Geist durcheinanderwirbelten. Seine weise, zentrierte Klarheit war dann immer Labsal für mich… denn ich habe wahrlich (insgesamt) eine turbulente Lebenszeit hinter mir. Nun ja, wir wissen ja: *In der Tiefe des Erlebens liegt die Höhe der Erkenntnis,* philosphierte C.G. Jung so wundervoll.

Danke, mein Sohn. Du bist wahrhaft eines meiner kostbarsten Geschenke Gottes. Danke.

An dieser Stelle danke ich auch ganz herzlich all jenen, die mir Lob und Anerkennung schenkten, *per Telefon, schriftlich und im Internet.* Ich bin überglücklich, dass viele, wie ich, das Gleiche fühlen, erkennen und tief im Herzen *wissen*. Euch allen sende ich Licht und Liebe und gehe dankbar mit euch den wahren Weg, der uns zu *unseren Himmeln* führt. *Danke.*

Ganz besonders danke ich meinem Schöpfer… der wahrlich ein *Gott-der-Liebe-und-des-Lichtes* ist, und seinem Sohn, unser aller Bruder, in Liebe, *Jesus*, der auch hierbei immer an meiner Seite war.

Der Dank, den ich empfinde, ist so groß, dass ich keine Worte dafür finden kann…

So will ich als das, was Ich Bin, irdisch wie geistig, Dank sein. Mit jeder Faser, jeder Zelle, jedem Licht-Funken… Dank. Ewig… Unendlich.. Immer.

Und alles, Was-Ich-Bin, gebe ich, in Liebe.

Will unendliche Liebe schenken, deiner Welt… Gott-Vater-Mutter-Heiliger Geist…

Ursula Frenzel

Literatur

Alois Hanslian und Maryam, I-Ging – *Die Weisheit des Tao, Yazdtschi,* Aquamarin Verlag

Marooney, K. *Engel Himmlische Helfer,* 4. Auflage 1997 – erschienen 1995 im Windpferd Verlag, Aitrang

Kliegel, E. / Heng, A. *Organwesen,* Verlag Neue Erde 2012

Herbert Reichstein, Kabbala, *Magie und Symbol der Namen und Zahlen,* neu herausgegeben von Prof. h. c. Ernst Issberner-Haldane, (6. stark veränderte und vermehrte Auflage 1961), Verlag Richard Schikowski, Berlin

Luise L. Hay, *Heile deinen Körper,* Lüchow Verlag, Stuttgart, 1989

Kössner, J., *Die Neue Erde* (komplette Schriftreihe)
Eigenverlag Heidenreichstein 2009,
Kössner, J., *Welt der Dimensionen,* Eigenverlag Basel 1998

Dr. med. Lothar Höllerbach, *Der Quanten Code,*
Trinity Verlag 2010 Scorpio Verlag, Berlin-München

Ausblick

Wie schon berichtet, hat mich Erzengel Aannathas nicht nur gerufen, um *seine* wahre himmlische Geschichte zu erzählen, sondern auch die *aller anderen Erzengel.*
Denn die durch das opalisierende Kristall-Licht des Goldenen Zeitalters *erneuerten* Botschaften der Erzengel sind *umfangreicher* und aufklärender als je zuvor: Ist die Menschheit doch endlich bereit, aus ihrer Opferhaltung auszutreten und *bewusst Schöpfer* zu sein.
So folgen den *ersten* Erzengel-Büchern wohl noch viel andere, und *Aannathas* wird der Initiator davon sein.

Denn alle Erzengel und Engel sind in tiefer Liebe füreinander und hoher Achtsamkeit miteinander verbunden.

So ist in Verbindung mit *Erzengel Raphael* die Heil-CD *Eine Heilung im Atlantischen Kristall-Tempel* entstanden. Gleichzeitig mit diesem Buch erscheint nun, in Verbindung mit *Erzengel Metatron,* die Heil-CD *Kristalline Zell-Erneuerung durch den Opal-Strahl.*
Beide CDs vermitteln in himmlischer Freude und Leichtigkeit die tiefe Liebe und Fürsorge der Engel für uns.

Mein ganz persönliches Anliegen sind meine *Seminare und Ausbildungen,* die ich seit langen Jahren erfolgreich anbiete.
Besonders lehrreich und heilbringend für jeden ist das 3teiligeAusbildungs-Seminar: *Engel-Heil-Medium;*
außerdem:
Tages-Seminar: *Dein Seelenplan*
Tages-Seminar: *Weisheit der Zahlen und Namen*
Tages-Seminar: *Der Heiler in Dir*   etc.
Besuchen Sie mich gerne auf meiner homepage unter www.eagle13.de und sehen Sie selbst.

Die Autorin

Ich bin hellsehendes, hellhörendes Engelmedium, Heilerin, Reiki- Meister/Lehrerin und Seminarleiterin und stelle auch liebevolle, heilbringende Jenseitskontakte her.

Geboren in Oberbayern als Kaufmannstochter, war ich stets eingebunden in ein christliches Umfeld.

Ich hörte und sah schon als Kind die lichtvollen Engel und LichtWesen und nahm Jesus als liebevollen Begleiter wahr.

Nach einer langen Zeit erfolgreicher Selbständigkeit als Kaufm. Unternehmerin und inzwischen Mutter zweier Kinder, erschütterten schwere Krisen mein Leben und brachten eine tiefgreifende Veränderung mit sich, die meinem Leben eine entscheidende Wendung gab. Doch mein tiefer Glaube half mir, neuen Mut und Lebenskraft zu schöpfen, denn ich wendete mich wieder vermehrt den Engeln und Himmlischen Helfern zu.

Eine Wieder-Eröffnung meiner hellsehenden, hellhörenden Fähigkeiten erfolgte bald. Seit nun mehr 20 Jahren arbeite ich mit der Heilkraft der Engel.

Der „Erste Engel" Gottes, Erzengel Aannathas, der Lichtbringer, berief mich 2010, nunmehr den Menschen Klarheit über die „Göttliche Wahrheit der Liebe und des Lichtes" und der eigenen Schöpferkräfte zu vermitteln und deren transformierende und heilende Botschaft publik zu machen.

In spirituellen Seminaren, Ausbildungen und Workshops gebe ich seit langem erfolgreich mein Mysterien-Wissen über Gott, Himmel, Universum und Engel weiter.

Lesen Sie auch die anderen Bücher von Ursula Frenzel

Aannathas – Der Erste Engel

Der liebste und größte Engel Gottes erzählt, wie es dazu kam, dass er von den Menschen zu Luzifer, dem Inbegriff des Bösen, gemacht wurde, und erinnert uns daran, dass wir unser Leben und unsere Welt immer selbst erschaffen, weil es unsere Natur ist, Schöpfer zu sein.

ISBN 978-3-89568-255-1 / Pb. / 184 Seiten / € 18,90

Die 5. Dimension und ihre Geschenke

In diesem zweiten Buch von Aannathas erfahren wir, welche Geschenke die
5. Dimension für uns bereit hält. Teleportation, Telepathie, vollkommene
Gesundheit und Alterslosigkeit warten auf den, der das möchte.

ISBN 978-3-89568-259-9 / Pb. / 232 Seiten / € 19,80

im ch. falk-verlag